NG分析から導く
社会科授業の
新公式

立命館大学教授
角田 将士

明治図書

はじめに

本書のねらい

皆さんは、どのような考え方に基づいて、日々の社会科授業を実践しているでしょうか。そして、その授業実践は満足のいくものとなっているでしょうか。

本書は中学校における社会科授業の改善に向けて、

「NGから学ぶ」

をキーコンセプトに、皆さん、一人ひとりがもっている社会科授業に対する考え方、すなわち社会科授業観をアップデートしていくことをめざしています。求められる社会科授業のあり方について、筆者自身の考えを示すことも目的ですが、それ以上に、皆さん自身の社会科授業観に沿った形で、それを少しでも洗練されたものにしていくことをめざしています。

そのため、本書では、学校現場において多様に展開している社会科授業のあり方について、それぞれの特質や課題を示していきます。

まずは、本書が提示する「見取り図」を基に

皆さんが実践している社会科授業がどこに位置づいているか

を意識してみましょう。

さらに本書では、それぞれのタイプごとに、

ハマりやすいNGポイントと授業改善（アップデート）に向けたポイント

を示します。それらを参照することで、まずは、現時点での実践をより良いものにしていくことをめざしてください。

その上で、本書では、社会科としては回避すべき授業のあり方も含めて、様々なタイプ

の社会科授業のあり方を示していきますので、NGパターンにハマらないように留意するとともに、様々なタイプの授業のあり方に触れることで、新たな授業づくりの可能性を探っていきましょう。

一方で、こうした短期的な視点に基づいた社会科授業観の**ミクロなアップデート**はもちろん大切ですが、「社会科」という教科の理念を意識した中・長期的な視点に基づいた社会科授業観の**マクロなアップデート**も必要になってきます。そのため、本書では、タイプ別社会科授業の考察に先立って、そもそも

「社会科」という教科は、どのような教育的役割を期待された教科だったのか

それがどのように受け止められて今日に至っているのかということについて、社会科教育史的な視点からアプローチします。

図1は、**社会科授業で育成する学力像**を模式的に示したものです。社会科は、国家・社会の形成者に求められる認識や資質・能力の育成をめざす教科ですが、市民的な判断の基

には、『合理的判断』と『感情的判断』があります。『合理的判断』は、個別の事象に関する「事実的知識」や、そうした事象の意味や意義、汎用性のある概念や理論等に関わる「説明的知識」、それらを踏まえた価値判断に関わる「価値的知識」等に支えられています。本書では、図1を用いて、それぞれの社会科授業が、主として**何をめざすものになっているか**、その違いを可視化していきます。

そして、その上で、求められる社会科授業のあり方についての筆者自身の考えを示していきます。特に**「説明的知識」**は、内在化することで、子どもたち自身の**「社会の見方・考え方」**として機能し、そのことを意識した授業づくりが求められると考えています。

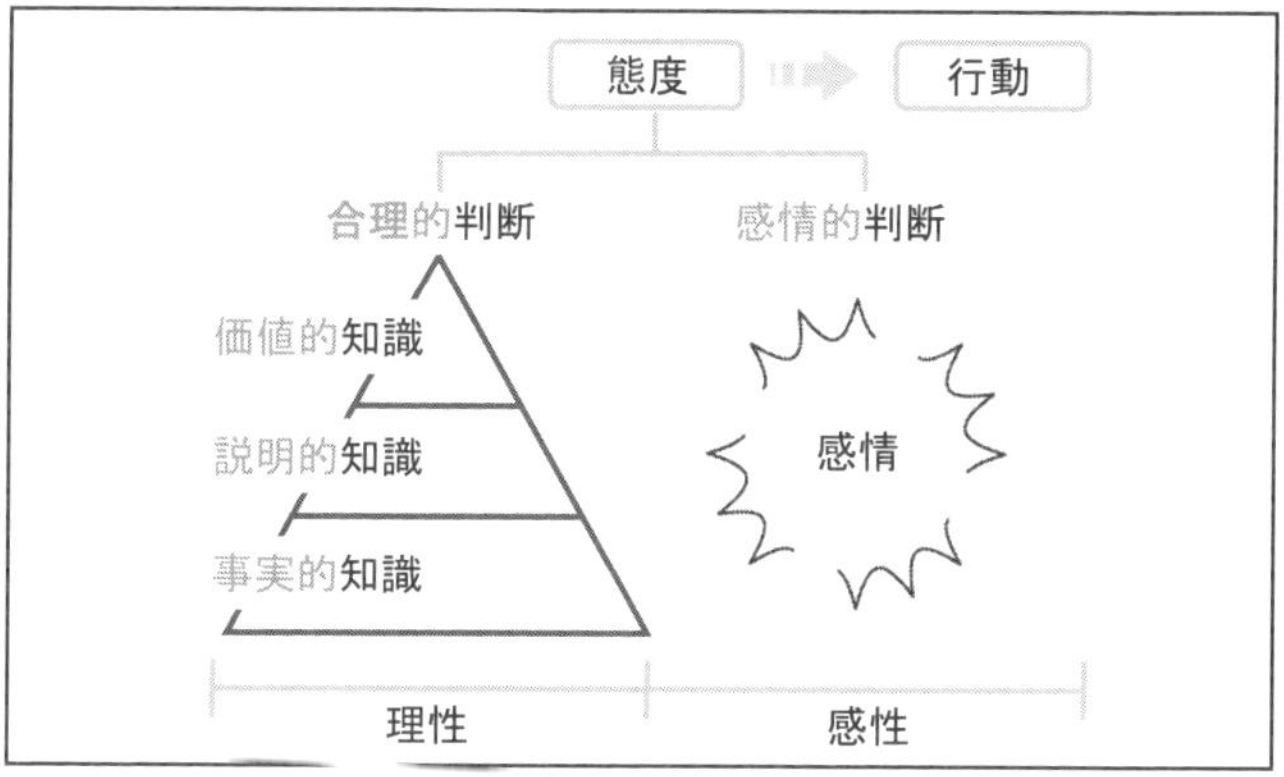

図１：社会科における学力像
（森分孝治「市民的資質育成における社会科教育―合理的意思決定―」『社会系教科教育学研究』第13号，2001年，を参照作成）

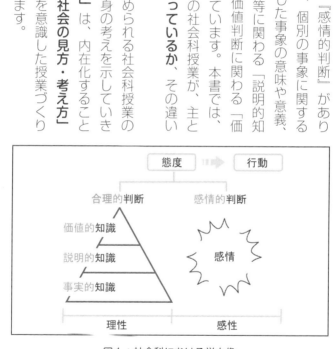

本書の構成

以上のようなねらいに基づいて、本書は次のような構成を採っています。

Chapter1では、**「社会科教師のための『社会科』再入門」**として、社会科教育史的な視点から、社会科成立の背景やその理念、その変容について見ていきます。

Chapter2では、**「やってはいけない！ 社会科授業NGパターン」**として、社会科として回避すべき授業のあり方を示すことで、授業改善の端緒となるポイントを示します。

Chapter3では、**「社会科授業構成の4タイプ ハマりやすいNGポイント&アップデートの新公式」**として、社会科授業のタイプ別に、それぞれの特質や課題を示します。

Chapter4では、**「求められる社会科授業アップデートの視点」**として、社会科の理念を踏まえた上で、求められる社会科授業のあり方について、筆者自身の考えを示します。

Chapter5では、**「社会科授業アップデートを支える　カリキュラム・マネジメントの視点とNGポイント」**として、社会科授業のアップデートの実現に向けて不可欠となる視点について示します。

本書が授業改善の1つの契機となり、皆さんの授業がアップデートされていくことを期待しています。

角田　将士

目次

Chapter 3

社会科授業構成の4タイプ ハマりやすいNGポイント&アップデートの新公式

Chapter 4

求められる社会科授業アップデートの視点

Chapter 5
社会科授業アップデートを支える カリキュラム・マネジメントの視点とNGポイント

Chapter 1

社会科教師のための『社会科』再入門

Topics

- 新教科「社会科」がめざしたもの
- 社会科の変質
- 社会科における「主体的・対話的で深い学び」
- GIGA スクールで問われる「社会科を学ぶ意義」

01 社会科とは何か

国家主義的な教育に対する反省

「はじめに」で述べたように、本書のキーコンセプトは、「NGから学ぶ」というものですが、そもそも「社会科」という教科自体、**誤りから学ぶことで成立した教科**であると言えます。ここでは、社会科授業のあり方について述べていく前に、社会科とはどのような教科なのか、どのような教育的役割を期待されているのか、といったことについて、簡単に振り返っておきましょう。

わが国において、社会科が教育課程上に初めて位置づけられたのは、1947（昭和22）年のことです。アメリカの影響を受けた戦後の教育改革においては、戦前期、特に1930年代から40年代にかけての昭和戦中期に隆盛を極めた国家主義的な教育からの脱却がめざされました。

下の資料は、１９４３（昭和18）年に発行された、初等用の国定国史（日本史）教科書『初等科国史 下巻』の最末尾のページです。ここには、「りっぱな臣民」といった記述に加えて、本文中にも見られる「天皇陛下の御ために」というタイトルを付した靖国参拝の社頭が挿絵として示されています。靖国神社が戦争で亡くなった人たちが英霊として祀られる場所であることを踏まえれば、この教科書に込められたメッセージとは、国家が進めている対外戦争に対して、死をも厭わずに一身を捧げて協力することが、日本人とし

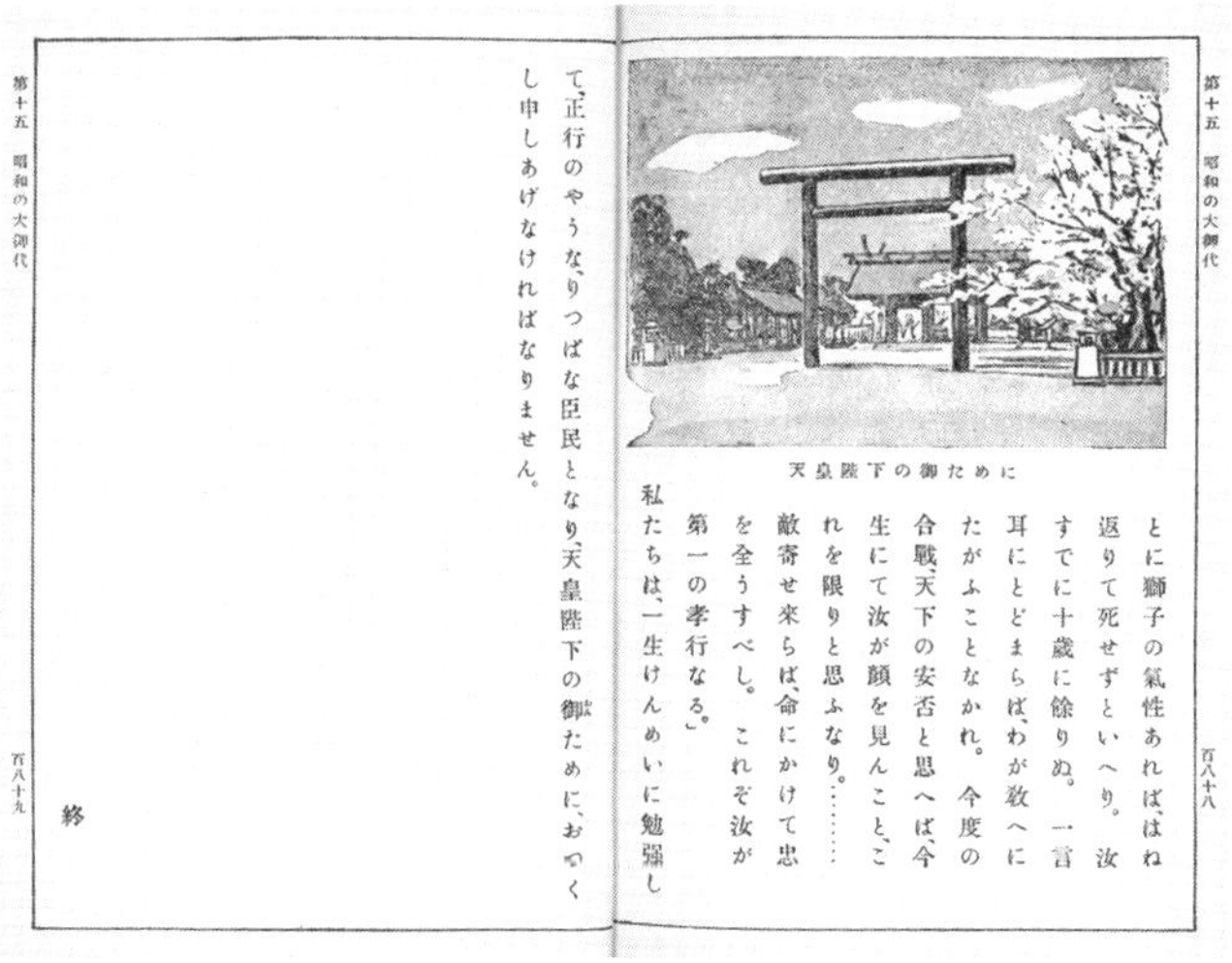

第十五　昭和の大御代

天皇陛下の御ために

とに獅子の氣性あれば、はね返りて死せずといへり。汝すでに十歳に餘りぬ。一言耳にとどまらば、わが教へにたがふことなかれ。今度の合戰、天下の安否と思へば、今生にて汝が顔を見んこと、これを限りと思ふなり。……敵寄せ來らば、命にかけて忠を全うすべし。これぞ汝が第一の孝行なる。」

私たちは、一生けんめいに勉强して、正行のやうな、りつぱな臣民となり、天皇陛下の御ために、おつくし申しあげなければなりません。

百八十八

第十五　昭和の大御代

終

百八十九

『初等科国史 下巻』文部省（1943年）より

て望ましい生き方である、というものだと考えられます。つまり、歴史の学習を通じて、国家が遂行する施策を支える人材の育成がめざされていたわけです。

本来、教育とは、社会をより良くしていくために、次の世代を教え育てていくという、未来志向的な行為であると言えます。しかし、この当時の教育は、今の世代の人たちの価値観や考え方を内面化することで、**次の世代の人たちの生き方を縛るもの**になっていました。「信ずるものは救われる」という言葉がありますが、「神国日本」の神話を信じていた人たちは救われるどころか、国内外で数多くの犠牲者を生み出す結果となりました。こうしたことから、戦後、国家が求める1つの方向へと子どもたちを統制するものになっていた教育のあり方が、問題視されることとなりました。

新教科「社会科」がめざしたもの

1945（昭和20）年の敗戦を機に、アメリカの影響の下で、新しい教育のあり方が模索されました。そして、国家に対して無批判に迎合していくのではなく、民主的で平和的な国家・社会の形成者として求められる資質・能力（＝市民性）の育成を主眼とする、新教科「社会科」が誕生することとなりました。

社会科は、１９４７（昭和22）年に示された学習指導要領において、はじめて教育課程上に位置づけられました。この学習指導要領は、強制力を伴わない**「試案」**という形で示され、各教師たちが地域や子どもたちの実態に応じて自由に教育実践を創造していくことが求められました。

そこでは、資料にもあるように、国家の求める国民像に向けた教化ではなく、子どもたちの自主的自律的な思想形成を支援していく教育が志向されていました。「試案」としての学習指導要領の下での社会科は、１９２０年代から盛んになったアメリカの進歩主義教育の影響を受け、学習者である**子どもたちの問題解決**を軸にした、広領域で総合的な教科

> 従来のわが国の教育，特に修身や歴史，地理などの教授において見られた大きな欠点は，事実やまた事実と事実のつながりなどを，正しくとらえようとする青少年自身の考え方あるいは考える力を尊重せず，他人の見解をそのまゝに受けとらせようとしたことである。これはいま，十分に反省されなくてはならない。もちろん，それは教育界だけのことではなく，わが国で社会一般に通じて行われていたことであって，そのわざわいの結果は，今回の戦争となって現われたといってもさしつかえないであろう。
>
> 自主的科学的な考え方を育てて行くことは，社会科の中で行われるいろいろな活動にいつも工夫されていなければならない。

『学習指導要領社会編Ⅰ（試案）』（1947年）より

として構想され、そのあり方は、「経験主義社会科」や**「初期社会科」**と呼ばれています。**「Social Studies（社会研究）」**という原語にも表れているように、社会科は、子どもたちが自分たちの生活している社会について深く学び、より良い社会のあり方を考えていくために必要となる資質や能力を獲得するための教科でした。

社会科の変質

1951（昭和26）年のサンフランシスコ平和条約の締結による独立の達成を背景に、アメリカを範とした戦後の教育改革に対して、保守層を中心に日本の国情に反するものとして見直しの機運が高まりました。

「調べて討論する」といった諸活動に重きを置いた経験主義的な教育は、基礎学力を低下させるものであり、とりわけ社会科については、**「はいまわる社会科」**といった厳しい批判がなされました。経験主義社会科では、問題解決に必要な範囲でしか知識が獲得されず、学問を基盤とした系統的な知識の獲得が保証されないとして、1955（昭和30）年の改訂以降の学習指導要領においては、地理や歴史などの内容領域ごとに、親学問の専門性や内容の系統性が重視されるようになりました。学習指導要領自体も、それまでの「試案」ではなく、法的な拘束力を有するものとされました。

系統的知識の獲得が重視される中で、知識を獲得することが、教科書に示された内容を記憶することに矮小化され、**「社会科＝暗記」**だと考えられるようになりました。結果として、「社会について深く学び、より良い社会のあり方を考える」という社会科本来の目的から遠ざかっていると批判されることもありました。しかし、あらかじめ定められた知識の伝達を主眼とする授業のあり方は、教科書さえあれば直ちに実践が可能ですし、受験対策という現実的な要請もあって、今日でも学校現場で最も一般的な授業のあり方だと言えるでしょう。本書でもChapter3で、そのような授業構成のあり方について検討します。

Point

社会科は……

□ 国家主義的教育の反省の上に、**市民性の育成**を期して、戦後成立した。
□ 初期、経験主義に基づき、**子どもたちによる問題解決学習**を志向していた。
□ 学力低下の批判を背景に、**系統的知識の教授を志向するもの**へと変質した。

02 社会研究（Social Studies）としての原点回帰

「主体的・対話的で深い学び」

2017（平成29）年と2018（平成30）年に告示された学習指導要領については、それまでの改訂には見られなかった、次のような2つの考え方が、学校現場をはじめ教育関係者に大きなインパクトを与えました。

①　グローバル化の進展や人工知能の飛躍的な進化など、将来の予測が難しい社会の変化にも対応できる資質・能力の育成をねらいとする。

②　この資質・能力を育成するに当たって、学習内容の削減は行わず、「主体的・対話的で深い学び（アクティブ・ラーニング）」の視点から学習過程の質的な改善を

図る。

これまでの学習指導要領が、学ぶべき内容（**コンテンツ**）を重視するものであったのに対して、新しい時代に必要とされる資質・能力（**コンピテンシー**）の育成が重視され、**「主体的・対話的で深い学び」**という、学習方法のあり方を視点にした授業改善が求められることになりました。あらかじめ定められた知識の伝達を主眼とした学習から、学習の結果として身に付けられる資質・能力の重視へという、学習観の転換を伴った改訂は、経験主義から系統主義への転換が図られた1955年の改訂以来の画期的な改訂であると言えます。

しかし、「主体的・対話的で深い学び」の視点からの授業改善が求められるといっても、例えば、子ども主導で進める調査活動や子ども同士の対話を軸に進められる話し合い活動等を授業に取り入れても、必ずしもそれが学びの質的な向上につながるというわけではありません。むしろ、それぞれの教科等の目標をより良く達成するために、そのような学習形態を取り入れることが重要です。そのため、汎用的なコンピテンシーの育成を意識しつつも、それぞれの教科等に課せられた教育的役割を十分に意識した上で、学習者である子どもたち自身が、その教科等を学ぶ意義を実感することができるような授業づくりを志向していくことが求められます。

正答主義からの脱却

社会科の場合、他教科と比べてコンテンツ的性格が強いため、どうしても、授業＝教師が知識を伝達（説明・解説）する場として捉えられがちです（図２）。このような「正答主義」とも言うべき学習観を保持したまま、学習形態に特化した授業改善を行ったとしても、それは本当の意味での「主体的・対話的で深い学び」の実現にはつながりません。例えば、「豊臣秀吉はどのような政策を行ったか」といった、教科書の内容をまとめるだけで深い思考をそれほど必要としないような質の問いに対して、いくらグループワークやペアトークを取り入れたとしても、結果的には同じような答えしか出てきませんし、子どもたちは正解を先読みするだけでしょう。それは「正答主義」に基づく学

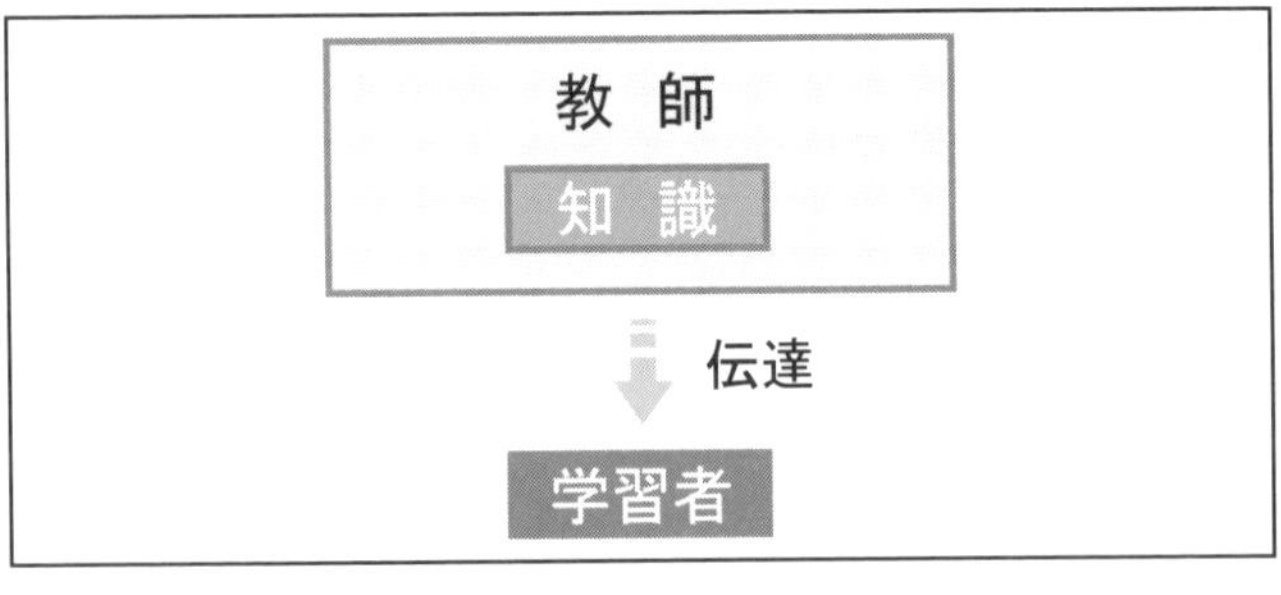

図２：正答主義的な学び
（石井英真『今求められる学力と学びとは』日本標準，2015年，を参照作成）

びに他なりません。

それに対して、子どもたちが知的好奇心を喚起され、真剣に思考する過程として展開していく授業こそが、「主体的・対話的で深い学び」の名に値する学習の場であると考えます。教科等の本来の魅力を追求することで、結果として授業はアクティブになっていくと考え※1、学習形態などの外的活動のみならず、子どもたちの頭の中を活性化し、思考を促すという**内的活動のアクティブ化**を志向した授業づくりが求められます※2。

社会科における「主体的・対話的で深い学び」

ところで、教科等を学ぶ意義を実感させるために、日常生活との関連づけを重視する主張がしばしばなされます。しかし社会科の場合、学習の成果を日常生活に安易に関連づけることによる弊害もあります。例えば、学習のまとめとして、地理なら都市計画、歴史なら時代新聞、公民なら政策提言等の課題（パフォーマンス課題）に取り組ませることがありますが、そこではしばしば「あなたは○○時代の△△です」「あなたは××市の□□です」といった設定が用いられています。しかし、こういった設定（問いかけ）が、子どもたちにとって、真に学ぶ必然性を有するものであるかについては疑問が残ります。このことについて、石井英真氏は、次のように述べています※3。

知識を活用したり創造したりする力は、そうした一般的な能力があると仮定し、その形式を訓練することによっては育たない。それは、学習者の実力が試される、思考しコミュニケーションする必然性のある文脈において、協働的で深い学習（「真正の学習」）に取り組む中でこそ育てられる。

さらに石井氏は、「その領域の専門家が知を探究する過程を追体験し、『教科の本質』をともに『深め合う』授業」の創造が求められるとも述べています※4。

以上のような、教科等を学ぶ意義を意識した授業は、子どもと教師が共に学習対象（対象世界）に向き合い、子ども相互、子どもと教師の対話の中から本質的で論理的な説明を創り出していく、そういった「知の共同的な追究、創造過程」になると考えます。このような授業における子どもは、知の追究・創造者、いわば「研究者」として、教師は、先輩研究者として、また子どもたちの追究を支援する「ファシリテーター（促進者）」としての役割が期待されます（図3）。例えば歴史的分野において、豊臣秀吉の統一事業を取り上げ、「（源頼朝や足利尊氏ではなく）なぜ豊臣秀吉の事業だけが『全国統一』と呼ばれているのか」といった学習課題を提示し、子ども同士で議論させることで単に刀狩や太閤検地に関する知識を習得するだけに留まらず、そうした事業が社会をどのように変革させたのかを探り、その歴史的な意義に迫っていくことになります。

こうした学習のあり方は、社会科においては、初期社会科の理念と重なる部分が大きく、そのように捉えるならば、今、**「社会研究（Social Studies）」としての原点回帰**が求められているとも言えます。

Point

社会科における「主体的・対話的で深い学び」は、**「社会研究（Social Studies）」への原点回帰**でもある。

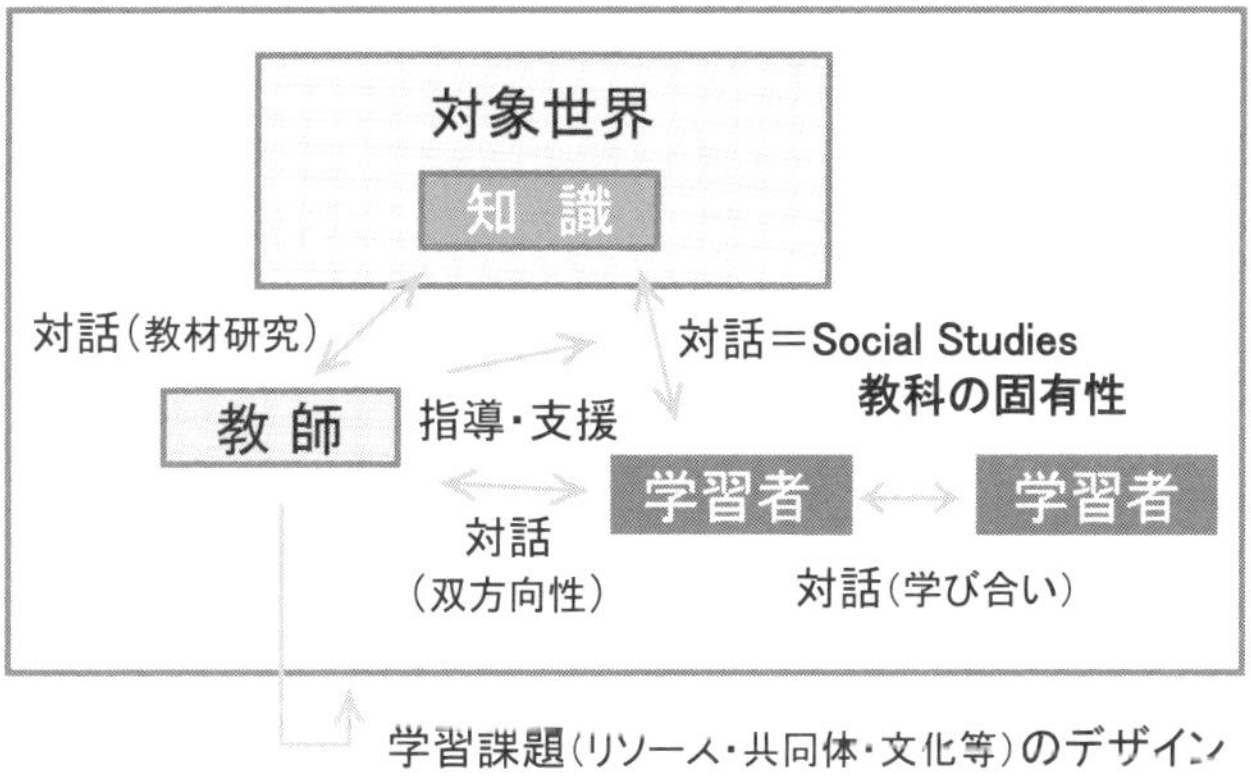

図３：社会科における「主体的・対話的で深い学び」
（石井英真『今求められる学力と学びとは』日本標準，2015年，を参照作成）

03 求められる「プロ」としての社会科教師

GIGAスクール構想で問われる「社会科を学ぶ意義」

2021（令和3）年の中央教育審議会答申では、「令和の日本型学校教育」として、2020年代を通じて実現すべき学校教育のあり方が示されました。そこでは、①個別最適な学び、②協働的な学びを一体的に充実し、「主体的・対話的で深い学び」の実現に向けた授業改善につなげていくことが求められています。そして、こうした学びを実現していく基盤として、**「GIGA（Global and Innovation Gateway for All）スクール構想」**の実現により、新たなICT環境の活用、少人数によるきめ細やかな指導体制の整備を進め、**「個に応じた指導」**を充実していくことが重要とされています。

校内通信ネットワークの整備、生徒1人1台端末の整備をめざすGIGAスクール構想は、学校教育のあり方を大きく変えるものです。1人1台の端末は、対面授業の中で、教師が生徒個々の理解や学びの状況をリアルタイムに把握できる個別化の機能や、子どもたちがお互いの考えを共有し教師も直ちにフィードバックできる共有化の機能を果たすだけでなく、遠隔授業を可能にし、個に応じた学びに向けた学習動画アプリの導入等も容易にしています。

一方、コロナ禍において多くの大学でもオンライン授業が実施されましたが、学生からは不評で、対面による授業が待ち望む声が多く聞こえました。技術面でオンライン授業が可能であっても、前節で述べた、学習者が対象世界に向き合い、学習者同士で対話を重ね、教師がそれを支援するリアルな学びを実現することができなかったのだと思います。中学校で1人1台の端末が用いられるようになっても、単に教科書の内容を解説するだけの社会科の授業であれば、学習動画でも十分に代替が可能であるため、学校で社会科を学ぶことの意義を感じることが難しいかもしれません。GIGAスクール

構想の動きの中で、「学校での」「教師による」授業の意義を改めて問い直されており、今、改めて、**「なぜ学校で社会科を学ばなければならないのか」**、**「社会科を学ぶ意義とは何か」**といった根本的な問いが、社会科教師に突き付けられています。

自らの実践に対する「説明責任」を果たせるか

GIGAスクール構想の動きを受けて、学校での学びの意義が改めて問い直されていますが、同時にそれは、各教師にとって自らの実践に対する**「説明責任」**を果たすことができるか、という問いとして捉えることもできます。教育界において「説明責任」は、数値的な成果を問うものとして捉えられがちですが、ここでは、学習者である子どもたちにとってごく自然な「なぜ学校で社会科を学ぶのか」という問いに対して、授業者として誠実に向き合うことととして捉えています。それは、自らの仕事に対して責任を果たそうとする**「社会科授業のプロフェッショナル」**としての矜持であるとも言えます。

特に中学校の場合、小学校での学びと質的な違いがなければ、魅力的な学習になりにくいと言えます。そのため、学ぶ意義を実感できるように授業の質を高めていくことは、授業者にとっては自らの実践に対する説明責任を果たすことにもつながります。

「授業成立の視点」から「授業構成の視点」へ

社会科を学ぶ意義が問われている今日、1人1台端末による個別の学びでは得られないような深い学びを促す授業づくりが必要になっています。今、**社会科授業のアップデート**が求められる理由がここにあります。

ところで、授業改善に取り組もうとする際、一斉教授よりペアトークやグループワークを、チョーク&トークよりICTの積極的な活用をといった具合に、まずは学習形態を工夫することに目が行きがちだと思います。もちろんそうした授業の進め方に関する「授業成立の視点」も重要ですが、今日求められているのは、「何のために、何を、どのように学ぶか」といった、社会科授業の目標・内容・方法に関わる**「授業構成の視点」**に基づいた授業改善であり、それによって学びの質を高めていくことであると言えます。

このような考え方に基づいて、本書では、授業改善に向けて、皆さん自身の社会科授業構成の考え方をアップデートするために有益な知見を提示していきます。そのために、ま

ずは社会科授業のタイプ別に、授業構成の特質や課題を明確にし、陥りやすいＮＧポイントや授業改善の視点を**「社会科授業の新公式」**として整理していきます。その上で、社会研究（Social Studies）としての社会科を実現するために求められる授業構成の考え方を示したいと考えます。

Point

Ｇ－ＧＡスクール構想の動きの中で、
- □「授業構成の視点」に基づいた授業改善を進め
- □自らの実践に対する説明責任を果たせる**「社会科授業のプロ」**が求められている

註
1、4　石井英真「アクティブ・ラーニングを超えて『教科する』授業へ」広島大学附属小学校編『学校教育』7月号、2016年、p.63
2　松下佳代編著『ディープ・アクティブラーニング』勁草書房、2015年、pp.18-19
3　石井英真「資質・能力ベースのカリキュラムの危険性と可能性」日本カリキュラム学会編『カリキュラム研究』第25号、2016年、p.85

Chapter 2

やってはいけない！社会科授業NGパターン

Topics

- 価値注入的な授業構成
- 活動中心の授業構成

Step 1	Step 2	Step 3
どのような授業なのか	なぜそのような授業なのか	なぜNGなのか

やってはいけない！
社会科授業
NGパターン①

01

実は無自覚にやっている!?
価値注入的な授業構成

【ステップ1】どのような授業か　授業事例「破れた御一新への期待」

なぜこのNGパターンの授業を取り上げるか

本章では、Chapter1で述べたように、皆さん自身の社会科授業構成の考え方をアップデートするために、学校現場で見られる様々な社会科授業を4つのタイプに分け、それぞれの授業構成のあり方を整理した上で、求められる授業構成の考え方を示していきます。それらの4つのタイプの授業について述べる前に、Chapter2では、社会科として回避したい授業構成のNGパターンを2つ示したいと考えます。「授業構成の視点」に基づいて授業の質向上を志向する際には、まずは**社会科としてNGパターンの授業構成**を回避していくことが、最優先の課題となります。

ここでは、そうしたNGパターンとして、まずは、教師自らが望ましいと考える生き方や価値観を子どもたちに内面化する（**特定の価値観を注入する**）授業構成について考察したいと思います[※1]。次に示した授業事例（学習指導案）「破れた御一新への期待」は、こうした授業構成の考え方に基づき、歴史的分野における明治維新と農民たちの暮らしを主題に構成したものです。まずはこれに基づいて、教師自らが望ましいと考える生き方や価値観を子どもたちに内面化する社会科授業とはどのような授業なのかを確認しましょう。

授業の展開

まず**導入部**では、本時の主題である「明治維新」について、民衆、特に当時の圧倒的多数であった農民たちにとってどのような出来事だったのか、農民の立場から明治維新による社会の変化について考えてみることを、本時の学習課題に設定します。

続く**展開部**において、当時の人々は期待を込めて、明治維新を「御一新」と呼んでいたことを確認します。そして、農民の立場から期待される変化を予想し、いくつかの予想の中から、税負担の軽減や生活上の規制の軽減という2点を取り上げて、新政府の実際の施策と対比して、農民たちの期待は実現されていたのかを確認していきます。税負担については、新政府は戊辰戦争の始期において年貢軽減を布告していたこと、一方で戦況が有利

中学校社会科　歴史的分野　学習指導案

1　主題　「破れた御一新への期待」

2　目標　①　農民たちがどのような気持ちで明治維新を迎えたのかを共感的に理解する。
②　農民の立場から，願いを実現するために採るべき行動を考え，未来の主権者としての意識を高める。

3　学習展開

	発問（指示・説明）	資料	生徒に身に付けさせたい知識
導入	・明治維新とは，どのような出来事であったか。	①教科書「明治維新」	・戊辰戦争さなかの1868年，新政府は五箇条の御誓文を出し，新しい政治方針を国内外に対して明らかにした。 ・1869年，諸大名に対して領地と人民を天皇に返上させ（版籍奉還），東京に住まわせるとともに，地方には府や県を置いて，政府から地方長官として府知事や県令を派遣して統治にあたらせた（廃藩置県）。武士に代わって，政府の役人（官僚）が統治する中央集権国家の基礎がつくられた。 ・新政府は，近代国家をつくり出すため，欧米諸国を手本に様々な改革を推し進めた。幕末から明治時代初めにかけての政治・経済・社会の変革を「明治維新」と呼ぶ。
	◎民衆，特に当時の圧倒的多数であった農民たちにとって，明治維新とはどのような出来事だったのだろうか。農民の立場から，明治維新による社会の変化について考えてみよう。	②資料「身分別の人口割合」	
	・当時の人たちは，明治維新をどのように捉えていたか。	③資料「御一新から維新へ」	・新政府の一連の改革は，近代日本の建設をめざす出発点となった。当時それは「御一新」と呼ばれており，新しい時代の到来として，大きな期待がかけられていた。 ・それに対して，今日では，幕末から明治時代初めにかけての変革を総称して，「維新」と呼んでいる。
	・当時の民衆の多くは農民であっ		〈予想〉

	たが，農民たちは御一新に対してどのようなことを期待していたと考えられるか。		・年貢を軽減して欲しい。 ・江戸時代のような生活上の規制をなくして欲しい。
	・新政府は税に対してどのような方針を示していたか。赤報隊の活動から読み取ろう。	④資料「赤報隊の活動」	・赤報隊は新政府軍の先頭を切って進み，各地で情報探索をして，諸藩や民衆が新政府に傾くように働きかけを行った。その中で，旧幕領の地への年貢半減令の布告が許可されていた。
	・赤報隊が宣伝していた年貢半減令は実現されたか。	⑤資料「切り捨てられた赤報隊」	・新政府の命令を受けて年貢を軽減すると宣伝していた赤報隊の相良総三は「偽官軍」として処刑された。財政的な基盤の弱かった新政府軍にとって，年貢半減令は重荷であり，その布告をした責任を赤報隊に負わせることにしようとしたためであると言われている。
展開	・新政府は税をどのように徴収したのか。地租改正とはどのようなものだったか。	⑥教科書「地租改正」	・新政府は国民に土地所有を認め，売買も自由にし，1873年から地租改正に着手した。全国の土地を測量して土地の値段（地価）を定め，土地の所有者に地券を発行した。地価の３％を土地にかかる税（地租）と定めて，所有者にそれまでの米に代えて，現金で納めさせることにした。
	・地租改正によって農民たちの暮らしは楽になったか。	⑦資料「江戸時代と地租改正後の納税の比較」	・地租の総額は江戸時代の年貢収入を下回らないように設定されていたため，農民の税負担は軽くならなかった。さらに，不作の時でも税負担は変わらず，米価が下落すればそれだけ負担が増した。そのためほとんどの農民の生活は苦しいままで，土地を手放さなくてはならない農民も多かった。
	・新政府は農民たち（民衆）の生活に対して，どのような方針を示していたか。	⑧資料「五榜の掲示」	・新政府は1868年に五つの高札（五榜の掲示）を出した。そこでは，徒党・強訴・逃散（集団で謀議を計ること）の禁止，キリスト教の禁止等が示されており，いずれも江戸幕府による規制を踏襲したものであった。

終結	◎農民たちの「御一新」への期待は叶えられたと言えるか。		◎江戸時代と比べて，重たい税負担や生活への厳しい規制はそのまま維持されており，期待は裏切られたと言える。
	◎こんなことをされて農民たちはどのように感じていたのだろうか。		〈予想される意見〉 ◎新政府は農民たちを上手く利用しており，期待を裏切られた農民たちは新政府に対して失望したのではないか。
	◎では，どうすればいいのだろうか。自分が当時の農民たちだったら，どのように行動するか，考えてみよう。	⑨パフォーマンス課題「あなたが当時の農民だったら，どのように行動しますか」	〈予想される意見〉 ◎税負担を軽減する，生活上の規制をなくすなどの要求をし，新政府に抵抗すべき。 ◎新政府を倒して，自分たちの生活を一番に考えてくれるような，新しい政府を作るべきだ。

参考資料　学習指導案「破れた御一新への期待」

（伊東亮三編『教職科学講座 第19巻 社会科教育学』福村出版，1990年，pp.118-120，で提示されている学習指導案を改訂して筆者作成。改訂に際しては，『中学社会 歴史的分野』日本文教出版，2021年，も参照した）

に推移する中でそうした布告は反故にされたこと、地租改正によっても農民たちの生活は苦しいままで、土地を手放さなくてはならない場合が多かったことを確認します。また、生活上の規制についても、新政府は江戸幕府による規制を踏襲していたことを確認します。

そして、**終結部**において、御一新に対する農民たちの期待は破られたことを確認し、本時のまとめとします。その上で、本時の締め括りとして、そうした事態に直面した当時の農民たちの気持ちを想像させた上で、自分が農民の立場ならどのように感じ、どのように行動するかについて、パフォーマンス課題として、各自の考えを表現します。

このように、授業事例「破れた御一新への期待」は、農民たちがどのような気持ちで明治維新を迎えたのかを共感的に理解し、それを基に、自らの行動を決断させるものになっています。それではなぜ、このような授業が社会科としてNGだと言えるのでしょうか。次に、こうした授業展開の基盤となる授業構成の考え方を明確にしていきましょう。

Point

○ **特定の価値観を注入する授業構成**は社会科授業のNGパターンの1つである。

やってはいけない！
社会科授業
NGパターン①

02

実は無自覚にやっている!?
価値注入的な授業構成

【ステップ2】なぜそのような授業なのか　〈授業構成の考え方〉

子どもたちを特定の立場に立たせて自らの行動を決断させる

それぞれの社会科授業には、その基盤となる授業構成の考え方があると言えます。授業者は、意図的にしろ、無意識的にしろ、授業を通して学習者である子どもたちに獲得させたい知識や育成したい資質・能力について、何らかのねらい（戦略）をもって授業に臨んでいると考えられます。ここでは、そうした授業者がもつ社会科授業に対するねらい（戦略）を、「授業構成の考え方」として捉えたいと思います。具体的には、**「何のために、何を、どのように学ぶか」**についての考え方であり、それは、社会科授業における**「目標・内容・方法」**の捉え方であるとも言えます。それでは、授業事例「破れた御一新への期待」の基盤には、どのような授業構成の考え方があると言えるでしょうか。

まず、授業事例「破れた御一新への期待」においては次の2点が目標とされていました。

> ① 農民たちがどのような気持ちで明治維新を迎えたのかを共感的に理解する。
> ② 農民の立場から、願いを実現するために採るべき行動を考え、未来の主権者としての意識を高める。

こうした目標に基づいて、授業においては、明治維新の諸事業、とりわけ税制と民生のあり方が、当時の民衆の大多数を占めていた農民たちにどのように受け止められていたのかを理解し、その上で、自分が当時の農民の立場から、そうした動きに対して、どのように行動するかを考え、自らの対処の仕方を決断させていました。つまり、ここでは、明治維新という歴史的事象の学びを通じて、実践的な判断を下し、行動を起こしていく力、すなわち、国家・社会の形成者（未来の主権者）に求められる資質や能力の育成がめざされていると言えるでしょう。

しかしその一方で、「農民の立場から」とされているように、生徒たちの判断や対処の仕方は、自由な幅をもつものというよりは、教師によって**あらかじめ方向づけられた**ものになっており、教師が望ましいと考える生き方を内面化するものになっていると言えます。

特定した立場からみた事象の特色（解釈）とそれに合致した事実群を選択的に取り上げる

こうした目標を達成するために、授業事例「破れた御一新への期待」においては、明治維新の特色、とりわけ、「農民たちを利用した政権交代であった」といった解釈を提示するものになっています。また、生徒たちが、そうした特色（解釈）に無理なく到達できるように、明治維新という歴史的事象を構成している無数の事実群の中から、それに合致した事実が**選択的**に取り上げられています。

今日的に用いられている「維新」という呼称に対して、当時用いられていた「御一新」という呼称には新しい時代に対する期待の大きさが表れています。導入部から展開部にかけてそのことを確認し、当時の人たちが明治維新に対して、どのような期待を寄せていたのかということを問題提起しています。その上で、当時の民衆の大多数を占めていた農民たちの立場から期待される変化として「税負担の軽減」と「生活上の規制の軽減」を取り上げ、それらの期待が叶えられたのかを検証していく過程として授業が展開していきます。

税負担については、赤報隊の活動と新政府による処分、地租改正の実態を通じて、ほとんどの農民の生活は苦しいままで、土地を手放さなくてはならない農民も多かったという事実を取り上げています。また、生活上の規制についても、5つの高札（五榜の掲示）の内容から、江戸幕府による規制が踏襲されていたという事実が取り上げられています。つまり、江戸時代と比べて、重たい税負担や生活への厳しい規制がそのまま維持されていたという事実は、農民たちの期待は裏切られたということを意味しており、ここには「農民たちを利用した政権交代であった」という明治維新の特色が示されていると言えます。

以上のように、授業事例「破れた御一新への期待」においては、生徒たちが「農民の立場」に立って自らの行動を決断できるように、明治維新という歴史的事象を構成する事実のみを取り上げるのではなく、農民たちの立場から見出すことができる明治維新がもつ意味、すなわち、「農民たちを利用した政権交代であった」とする明治維新の特色を提示するものになっています。こうした特色は、明治維新という事象自体に内在するものでなく、それを見る者が見出すものであり、この場合、**教師があらかじめ明治維新を解釈したもの**であると言えます。授業においては、教師が見出した解釈を生徒たちに納得させることができるように、明治維新という歴史的事象を構成する無数の事実群の中から、赤報隊の活動と新政府による処分、新政府による税制や民生の実態といった事実を、選択的に取り上げ、配列していきます。生徒たちは、教師によって選択された事実の系譜を辿っていくことで、あらかじめ想定された明治維新の特色（解釈）に、無理なく到達できるようになっています。

共感的な理解を基に自らの行動を決断する

このような明治維新の特色（解釈）を捉えることで、生徒たちが当時の農民たちの姿に自らを重ね、そこから自らが採るべき行動を決断できるように、この授業では、**共感的な理解**を重視しています。

終結部において、授業の締め括りのパフォーマンス課題として、自らの採るべき行動について考え表現する活動に取り組むようになっていますが、生徒たちの決断の基になるのは、厳し

い現実に直面した当時の農民たちの気持ちを想像してみる活動です。そうした共感的な理解を基にして、生徒たちは自らの行動を決断してきます。そこでは、資料やデータに基づいた理性的な判断というよりは、農民たちの想いや願いに寄り添って感情的に判断するよう構成されていると言えます。つまり、生徒たちの思考を特定の価値に基づいたものへ方向づけるものとなっているではないでしょうか。

以上のように、授業事例「破れた御一新への期待」においては、自らの行動を決断する際の拠り所として、特定の立場に対する共感的な理解が重視されており、そのことによって、生徒たちの感情に働きかけ、表面的な理解に留まらずに自分事として理解し、そこから自分の採るべき行動を決断できるようになっています。

Point。

価値注入的な授業構成では……

□ **特定の立場から行動を起こしていく力の育成**を目指す。

□ 特定した立場から、事象の特色（解釈）とそれに合致した事実群を**選択的に取り上げ、共感的な理解を基に自らの行動を決断**する。

やってはいけない！
社会科授業
NGパターン①

03

実は無自覚にやっている!?
価値注入的な授業構成

【ステップ3】なぜNGなのか〈その問題性〉

社会科の理念に反した授業になってしまう

それでは、授業事例「破れた御一新への期待」に見られる授業構成の考え方が、なぜ社会科授業としてNGだと言えるのでしょうか。最も大きな問題性は、教師自らが望ましいと考える生き方や価値観を子どもたちに内面化する（**特定の価値観を注入する**）授業になっている点にあります。この授業の締め括りとして生徒たちに求められている決断は、実は生徒たち自身によって自由な幅をもってなされるのではなく、すでに教師によってなされたものになっていると言えます。

Chapter1で述べたように、そもそも「社会科」という教科は、画一的な国民意識に向けて子どもたちの思考を統制してきた昭和戦中期の教育のあり方に対する反省の上に成立した教科でした。そのため、社会科授業は、「個人の尊重」、「自由や平等」といった民主的な価値を基盤として、子どもたちの自由な価値観形成や思想形成を促し、それを支援するものにしていく必要があります。このことは、**社会科が社会科であるための一丁目一番地**と言っても過言ではありません。それに対して、授業事例「破れた御一新への期待」は、一見すると、生徒たちに自らの行動を決断すること、つまり「生き方」を選択させる授業になっているように見えるものの、そこで選択される生き方は、教師によって方向づけられたものになっていました。このように、子どもたちの思考を方向づけること、特定の価値観を注入することは、社会科授業を構成する上で最も避けなければなりません。

このように述べてくると、特定の価値観を注入するような授業を避けることは当たり前のことであり、それは容易にできると感じられる人も多いのではないかと思われます。しかし、社会科授業は、価値注入的な授業に陥りやすいという**潜在的な課題**を有しており、そのことに自覚的でいないと、このNGパターンにハマってしまう危険性があります。

ハマりやすい理由

自然科学的な事象を対象としている理科の場合、例えば、二酸化炭素の発生について学ぶ際には、二叉試験管を用いて、塩酸を貝殻の側に流し込み、発生した気体を石灰水と反応させるといった実験を行うことで、その仕組みをその目で確かめながら学ぶことができます。一方で、社会科が対象とする、社会的事象は、そのものを教室にもち込むことはできません。資料・史料などを通じて間接的に学んでいくより他なく、しかも、対象とする社会事象のすべてを教えることは不可能です。例えば、明治維新についての授業で、教師ができる限りの力を尽くして語ったとしても、明治維新の全てを伝えることはできません、し、教科書に取り上げられている事実も、明治維新を構成している事実のうちのほんの一部に過ぎません。そのため、社会科授業を構成する際には、授業者は、必然的に授業で取り上げる事実を「選択」しなければなりません。つまり、社会科授業を構成するということは、**授業で取り上げる事実を選択することから始まる**と言えます。

それでは、授業者は、何に依拠して、授業で取り上げる事実を選択していけば良いのでしょうか。そのための基準については多様な考え方が存在しており、それが様々な社会科授業を生み出すことにつながります。ここで考察している授業事例「破れた御一新への期待」においては、授業者である教師が望ましいと考える生き方や価値観に基づいて事実が選択されていると言えます。

明治維新のような歴史的事象や時代の解釈は、それらの事象や時代を構成している事実と事実の間に存在する因果の系譜を辿ることによって得られるものですが、その系譜の辿り方は無数に存在しており、選択する事実群によって異なったものになります。例えば、明治維新後の地租改正についても、新政府の側に立てば、「米の豊凶に関わらず、一定の税収を見込むことができるので、財政のあり方について見通しをもって方針をもつことができるようになった」と解釈することもできます。

事象の特色は、その事象においてどのような要素が支配的であると考えるかによって決まるものであり、立場が異なれば事実の辿り方も異なり、見出す特色も多様なものが考えられます。それにも関わらず、授業事例「破れた御一新への期待」においては、1つの事実の系譜のみが提示され、それ以外の系譜は存在しないかのように教えられています。どの系譜を辿るかは、教師がもっている価値観に依っていると言えます。1つの事実の系譜を辿ることは、その基盤となる1つの価値観によって捉えられた事実のみを学ぶということであり、その価値観を教えることにつながっていきます。さらに、特定の立場に対する共感的な理解を重視し、子どもたちの感情に働きかけていくことで、**子どもたちの生き方を方向づけていく**ことにもつながります。

社会科授業を構成する際に事実の選択は不可避ですが、教師のもつ価値観に依拠して事実を選択し授業を構成することで、本来は回避すべき特定の価値観を注入する結果に陥る可能性があります。また、そうした事実の選択を無自覚に行うことで、**意図しないままに**特定の価値観を注入してしまう結果に陥る危険性もあると言えます。

社会科の教員「免許」が意味するもの

こうした潜在的な危険性を有した社会科を教える教師には、それだけの見識や力量が不可欠です。皆さんが所持している社会科の教員免許状には、自動車の運転のように、社会科を教えるだけの見識と力量を有するからこそ、それが「免じて許されている」という意味があると考えます。まずはそのことの意味や重みを自覚した上で、特定の価値観に結び付いた感情的判断につながるような

事実を選択するのではなく、子どもたちの合理的判断につながるような事実を選択していくことが重要ですが、このことについてはChapter4で詳しく述べます。

Point

●価値注入的な社会科授業は、特定の価値観と結び付いた共感的な理解を軸に、子どもたちの感情に働きかけるものになっている。（図4）

註
1　このタイプの授業構成に関する記述については、棚橋健治「授業理論と授業構成―歴史学習の進め方」伊東亮三編『教職科学講座　第19巻　社会科教育学』福村出版、1990年、pp.113-136、を参照した。

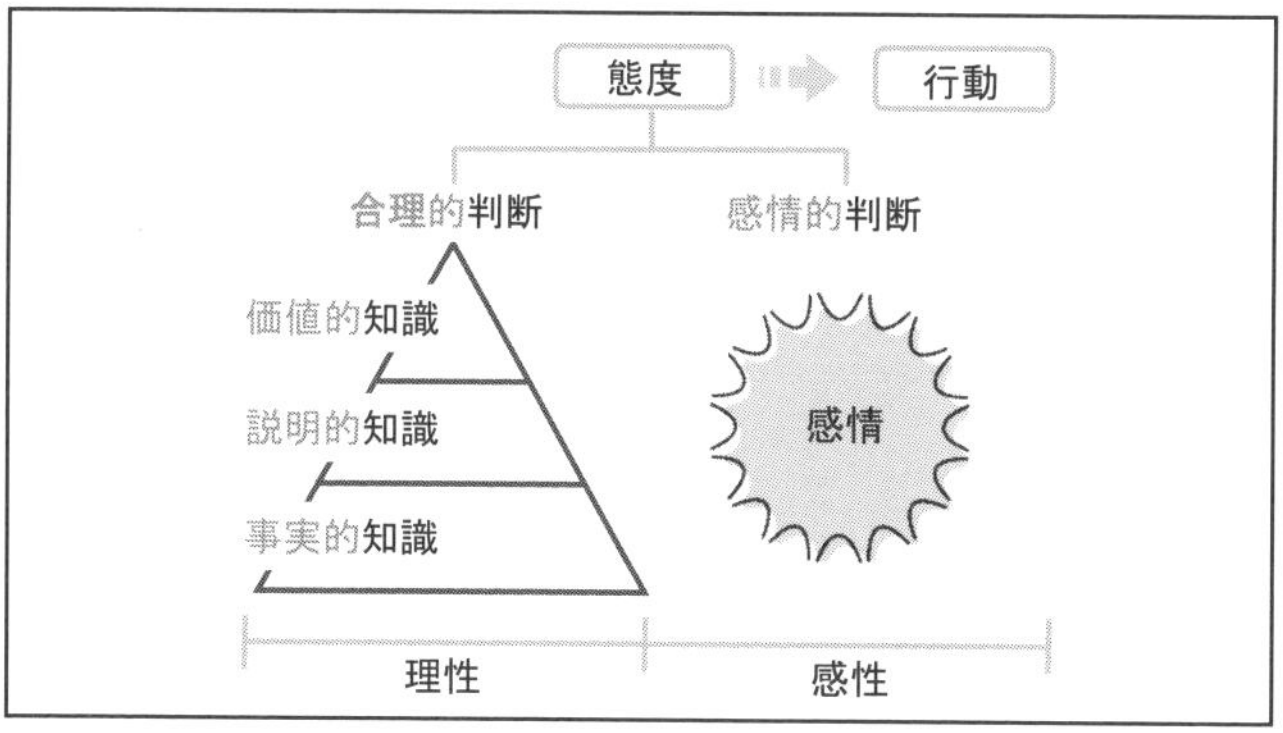

図４：社会科における学力像とこのタイプの授業の関わり方
（森分孝治「市民的資質育成における社会科教育―合理的意思決定―」『社会系教科教育学研究』第13号，2001年，を参照作成，網掛け部はこのタイプの授業が主として関わっている領域を示している）

やってはいけない！
社会科授業
NGパターン②

01

主体的な学びの落とし穴!?
活動中心の授業構成

【ステップ1】どのような授業か　授業事例「ゆるキャラを考えよう」

なぜこのNGパターンの授業を取り上げるか

前節で考察してきたように、社会科授業には、価値注入的な授業に陥りやすいという潜在的な課題がありました。子どもたちの自由な価値観形成や思想形成を促し、それを支援することが求められる社会科においては、特定の価値観や生き方を正しいものとして教え込んでいく授業構成は、最も回避していくべきNGパターンであると言えます。

それでは、こうしたNGパターンを回避するためには、どうしたら良いのでしょうか。選択肢の1つとして、授業構成を「教師主導」から**「子ども主体」に切り替える**という考え方が想起されるかもしれません。こうした考え方は、Chapter1で触れたように、一方向的な教師中心の授業からの脱却が求められる今日においては、皆さんの多くに共有されている考え方ではないでしょうか。

しかし、そうした社会科授業にも問題性がないわけではありません。ここでは、もう1つのNGパターンとして、子どもたちの活動（調査、発表、話し合い活動等）自体が目的化することで浅い学びに留まる活動中心の授業構成について考察したいと思います。次に示した授業事例（学習指導案）「世界遺産と地域を盛り上げる『ゆるキャラ』を考えよう」（以下、授業事例「ゆるキャラを考えよう」と略記）は、地理的分野において、世界遺産とその地域の調査を主題に構成したものです。まずはこれに基づいて、子どもたちの活動を軸に展開する社会科授業とはどのような授業なのかを確認しましょう。

授業の展開

まず**導入部**では、本時の主題である「世界遺産」について、その定義や選定の基準、日本でも多くの地域が登録をめざして活動をしていること等を確認し、世界遺産とその地域を盛り上げる「ゆるキャラ」を創作するという本時の学習課題を提示します。

続く**展開部**では、日本における世界遺産とその地域についての事前調査の成果をグループ内で発表し、相互評価します。そして、評価が高かった生徒が選択していた世界遺産と

中学校社会科　地理的分野　学習指導案

1　主題「世界遺産とその地域を盛り上げる『ゆるキャラ』を考えよう」

2　目標　①　日本国内の世界遺産について調べ，世界遺産がある地域の特色をつかむ。
　　　　②　世界遺産がある地域の活性化に貢献する「ゆるキャラ」を創作し発表する。

3　学習展開

	発問（指示・説明）	資料	生徒に身に付けさせたい知識
導入	・「世界遺産」とは何か。	①資料「世界遺産登録とは」	・世界遺産（World Heritage Site）は，1972年のユネスコ総会で採択された「世界の文化遺産及び自然遺産の保護に関する条約」に基づいて世界遺産一覧表に登録された，文化財，景観，自然など，人類が共有すべき「顕著な普遍的価値」を持つ物件を指す。一般的に，文化遺産は世界文化遺産，自然遺産は世界自然遺産と呼ばれている。
	・どのような基準で選定されているか。	②資料「世界遺産選定の基準」	・世界遺産一覧表への登録は，次の10の基準によって選定されている。 ①人間が作り上げた素晴らしい傑作 ②文化交流が行われてきたことを示す ③文明や特徴的な時代が存在していたことを証明する ④建築技術や科学技術の発展を伝える ⑤伝統的集落が残っている ⑥歴史上の重要な出来事や宗教，芸術などに関係する ⑦美しい自然景観や独特な自然現象が見られる ⑧地球の歴史を伝える ⑨動植物の進化の過程や固有の生態系を示す ⑩絶滅危惧種か生息する地域や生物多様性を示す ※文化遺産・・・①②③④⑤⑥から１つ以上満たすもの，自然遺産・・・⑦⑧⑨⑩から１つ以上満たすもの，複合遺産・・・文化・自然遺産の基準をそれぞれ１つ以上満たすもの
	・日本における世界遺産にはどのようなものがあるか。	③資料「日本における世	・日本には2021年時点で25（文化遺産20，自然遺産５）ある。最近登録されたものに「百舌鳥・古市古墳群（大

		界遺産の一覧」	阪府)」（2019年・文化），「奄美大島，徳之島，沖縄島北部及び西表島（鹿児島県，沖縄県）」（2021年・自然），「北海道・北東北の縄文遺跡群（北海道，青森県，岩手県，秋田県）（2021年・文化）がある。
	・多くの地域が世界遺産への登録をめざすのはなぜか。また，そうした地域ではどのような動きが見られるか。	④資料「世界遺産登録地のゆるキャラ」	・日本では地域の活性化のために世界遺産への登録をめざすケースが多い。例えば，滋賀県彦根市などが登録をめざしている。その際，世界遺産や地域の特色や特産物にちなんだ「ゆるキャラ」が PR 活動を行うケースもある。例えば，「百舌鳥・古市古墳群（大阪府）」では，「ハニワ課長」や「もずやん」が PR 事業に取り組んでいた。
	◎世界遺産やその地域を盛り上げるため，世界遺産や地域の特色や特産物にちなんだ「ゆるキャラ」を考えよう。		
	・グループごとに，事前に宿題として取り組んだ，世界遺産がある地域についての調査内容を，相互発表する。	⑤タブレット ⑥評価シート	・タブレットの生徒間交流の機能を活用して，グループ内で発表する。 ・発表者は，自分が選んだ「世界遺産の名称と位置」「地域の概要」「世界遺産になった理由・経緯」「見どころ，面白いポイント」について発表する。 ・評価シートを用いて，グループの最優秀者を選ぶ。
	◎グループで選ばれた世界遺産とその地域にちなんだ「ゆるキャラ」を創作し，観光客を誘致するための「キャッチコピー」を考える。	⑦ワークシート「ゆるキャラを考えよう」	
展開	・全国各地に見られる「ゆるキャラ」を分析する。	⑧ワークシート「ゆるキャラを分析しよう」	・全国各地の「ゆるキャラ」について，「名称」「出身」「誕生年」「名前の由来・制作者の思い（何にちなんだキャラなのか）」を整理する。 　例えば，滋賀県彦根市の「ひこにゃん」は，彦根藩井伊家２代当主である井伊直孝を寺の門前で手招きして雷雨から救ったと伝えられる「招き猫」と，

			井伊軍団のシンボルとも言える赤備え（戦国時代の軍団編成の一種で，あらゆる武具を朱塗りにした部隊編成のこと）の兜を合体させて，2006年に生まれたキャラクターである。 ・「ひこにゃん」という名称は，公募の結果，1167点の中から決定された。（「ひこにゃん公式サイト」より）
終結	◎創作した「ゆるキャラ」と「キャッチコピー」をクラス全体に発表する。 ◎世界遺産の知名度を高め，その地域を活性化するために，自分たちにできることはないか。	⑤タブレット ⑨提案シート「『ゆるキャラ』による地域の活性化」	◎創作した作品をタブレットで教員に送り，クラス全体に共有する。グループの代表がそれぞれのキャラとキャッチコピーについて解説する。 ◎創作した『ゆるキャラ』を各自治体の商工課や観光課などに提案してみる。Zoom などを活用して実際にプレゼンを行い，自分たちのアイデアをその地域の人たちに紹介する。

参考資料　学習指導案

「世界遺産とその地域を盛り上げる『ゆるキャラ』を考えよう」

（筆者が2017年度に参観した私立Ａ中学校の第１学年を対象とした地理的分野の授業のうち，単元末の表現活動として位置づけられていた「ゆるキャラ」の創作活動の部分を取り出して，ここではそれが「活動中心の授業構成」となるように，また，その授業構成の特徴が際立つように改訂して作成。そのためここに提示した学習指導案は，実際の授業とは無関係であり，授業者の意図も別のところにあったことを断っておく。なお，改訂に際しては，『中学社会 地理的分野』日本文教出版，2021年，及び，『中学社会 地理的分野 教師用指導書 学習指導編』日本文教出版，2021年，も参照した）

その地域を対象に、グループごとに、世界遺産とその地域の特色や特産物にちなんだ「ゆるキャラ」を創作し、それらをPRするための「キャッチコピー」をあわせて考えます。その過程の中で、全国各地で活動している代表的な「ゆるキャラ」を取り上げて、それがどのような由来に基づいて考案されたものかを分析し、参照材料とします。

そして、**終結部**では、創作した作品をクラス内で発表し、その後、その地域の活性化に貢献する手立てとして、実際にその地域の人たちに向けて提案する活動に取り組みます。

このように、授業事例「ゆるキャラを考えよう」は、生徒たち自身による世界遺産とその地域についての調査活動と、地域の活性化に向けた「ゆるキャラ」を創作するという表現活動を軸に構成されています。それではなぜ、こうした授業がNGだと言えるのでしょうか。次に、こうした授業展開の基盤となる授業構成の考え方を明確にしていきましょう。

Point

○**活動中心の授業構成**は社会科授業のNGパターンの1つである。

02 主体的な学びの落とし穴!? 活動中心の授業構成

【ステップ2】なぜそのような授業なのか　〈授業構成の考え方〉

明確な目標を定めずに学習の成果を子どもたちに委ねる

授業事例「ゆるキャラを考えよう」の基盤には、どのような授業構成の考え方があると言えるのでしょうか。まず、授業事例「ゆるキャラを考えよう」においては、次の2点が目標とされていました。

① 日本国内の世界遺産について調べ、世界遺産がある地域の特色をつかむ。
② 世界遺産がある地域の活性化に貢献する「ゆるキャラ」を創作し発表する。

こうした目標に基づいて、授業においては、それぞれの生徒たちが、自分が選択した世界遺産と地域についての調査活動を進め、それぞれの特色をつかむことがめざされています。そして、そうした調査活動の成果を踏まえた上で、それぞれの地域の活性化に向けて、世界遺産と地域の特色や特産物にちなんだ「ゆるキャラ」を考案していきます。また、考案した「ゆるキャラ」を、その地域の人たちに提案する活動も取り入れられています。

こうした授業展開を通して、世界遺産の定義や選定の基準、日本にある世界遺産についての個別的な知識が習得されるものの、学習の中核となっている、生徒たちがそれぞれに進めた調査活動において、どのような内容と質の知識が習得されるのかということについては、**生徒たち自身に委ねられている**と言えます。従って、教師がそれぞれの調査内容について評価し、例えば、不足している視点や情報について指摘し、それに基づいて再調査を求めるといった具合に、教師による積極的な関わりはなされていません。

また、調査内容を相互に発表する活動や、「ゆるキャラ」を考案して地域の人たちに提案するという活動からは、プレゼンスキルの向上も期待できますが、これについても特定の基準で評価されるといったことはなく、ここでも、どのような質のスキルが獲得されるかということについては、生徒たち自身に委ねられていると言えます。

以上のように、授業事例「ゆるキャラを考えよう」においては、あらかじめ社会科授業としての目標を定めて、そこにすべての子どもを到達させていくといった授業のあり方ではなく、何を学び取るのかについては、学習者である子どもたちに委ね、授業ではそのための「学びの場」を提供する、というあり方を見て取ることができます。

子どもたちなりの思考や判断が尊重されるオープンな学習課題を設定する

このような授業構成では、教師は学びの場を提供するだけで、そこから何を学び取っていくのかということについては、学習者である子どもたちに委ねられていますので、授業で取り上げられる内容（主題）には、正解が1つしかないようなテーマは適さないということになります。そのため、子どもたちが自由に発想し、自分たちなりの考えを表現しやすい、**オープンな学習課題**が設定されることになります。

授業事例「ゆるキャラを考えよう」においても、「世界遺産とその地域を盛り上げる『ゆるキャラ』を考えよう」という学習課題には、当然ですが、1つの定まった正解はなく、生徒たちが自由に発想し、世界遺産とその地域を盛り上げる自分たちなりのアイデアを練り上げ、それを具体化するオリジナルなキャラクターやキャッチコピーを考案していきます。そこでなされる生徒たちの思考や判断の是非についても、生徒たち自身に委ねられていると言えます。

一貫して子どもたちの話し合い活動や表現活動を軸に展開する

この授業構成においては、教師主導ではなく、子ども主体の授業を実現するために、到達させたい明確な目標を定めず、また、あらかじめ定まった1つの正解があるようなクローズな学習課題ではなく、子どもたちなりに考え、判断し表現することができるオープンな学習課題が設定されます。

その上で、教師が主導権を握り、発問や説明をすることを軸に授業を展開するのではなく、子どもたち自身による調べ学習や話し合い活動、表現活動や製作活動が重視され、子どもたちの考えや疑問を基に授業が展開します。

確かに、与えられた知識や技能を獲得し蓄積していくことも重要ですが、そうした知識や技能は「いつか役立つ」と信じて学ばれる一方で、多くの場合、受験などを通じてその獲得状況がテストされる機会が過ぎてしまえば、すぐに忘れ去られていくことになります。こうした学びのあり方は、子どもたちにとって真に意味あるものとは言えないでしょう。また、教師が質問して子どもが答えるというスタイルについても、それは授業においては当たり前の風景だと思われますが、教師はわからないから質問をしているわけではなく、「わかっているのに質問をしている」と言えます。一般的に「わからない人が質問をする」というのが自然だと思いますが、そのように考えると、授業において教師は、極めて不自然な役割を担っていることになります。

子どもたちが主体的に意欲をもって学んで欲しいというのは、多くの教師がもっている願いだと思います。ここでは、そのための1つの方法として、子どもたち自身の活動を軸に授業を展開していくあり方が示されています。そうした活動を軸に授業を展開することで、子どもたちは主体的に活動し、そこでは、与えられた知識や技能ではない、**本物の生きた知識や技能が習得される**と考えられています。子どもたちの活動を軸に授業を展開することで、教師から与えられるのではなく、子どもたちの側に問いが成立し、それを基に学びを深めていくことができれば，これほど魅力的な授業はないと思われます※1。

授業事例「ゆるキャラを考えよう」では，「ゆるキャラ」を考案する活動に先立って，それぞれの生徒たちが選んだ世界遺産や地域についての調査活動が行われ，その成果を基に，グループ内での話し合い活動を通じて，それぞれのアイデアを練り上げ，それを「ゆるキャラ」として表現していきます。そして，授業の締め括りとして，自分たちが考案した「ゆるキャラ」やキャッチコピーを，その地域の人たちに対して実際にプレゼンするという活動にも取り組むようになっています。

以上のように，授業事例「ゆるキャラを考えよう」は，教師主導ではなく，子ども主体の授業を意識し，一貫して生徒たちの活動を軸に展開されています。

Point

活動中心の授業構成では…

- □ 明確な目標を定めずに**学習の成果を子どもに委ねる。**
- □ 子どもたちなりの思考や判断が尊重される**オープンな学習課題**を設定する。
- □ 一貫して子どもたちの**話し合い活動や表現活動を軸に展開**する。

03

主体的な学びの落とし穴!?
活動中心の授業構成

【ステップ2】なぜNGなのか　〈その問題性〉

「活動あって学びなし」「はいまわる社会科」

それでは、授業事例「『ゆるキャラ』を考えよう」に見られる授業構成の考え方が、なぜ社会科授業としてNGだと言えるのでしょうか。最も大きな問題性は、**「活動あって学びなし」**という点です。子どもたちの活動を軸に授業が展開されるため、調べ学習等が、子どもたちの意識の及ぶ範囲内での追究に留まってしまいがちであり、結果として形成される社会認識が**常識的なものに留まってしまう**ことが多いと思われます。また、授業の締め括りとして取り入れられている提案活動についても、何らかの基準からその内容や質が評価されることはありませんので、授業の結果としてどのような質の認識が形成されたのかということについては精査されることなく、「提案する」という、表出された行動のみに関心が向けられていると言えます。

例えば、世界遺産とその地域においては、多くの場合、世界遺産への登録を通じた地域の活性化が意識されていますが、その反面、世界遺産への登録を機に、多くの人たちが訪れることによって、それまでの環境が失われつつある地域もあります※2。こうした世界遺産への登録がもたらした負の側面については、「活性化に向けてその地域を盛り上げる」という授業の主題からは見えにくく、生徒たちの力だけでは認識することが困難かもしれません。そこで教師による支援が必要になりますが、「子ども主体」を志向する中で、そうした**教師の指導性が発揮しづらい**授業展開になっていると言えます。

Chapter1でも触れたように、子どもたちの問題解決を軸にした戦後初期の社会科に対しては、「はいまわる社会科」との批判がなされました。授業事例「ゆるキャラを考えよう」に対しても同様の批判があり得ると考えます。本来、子どもたちの活動は、

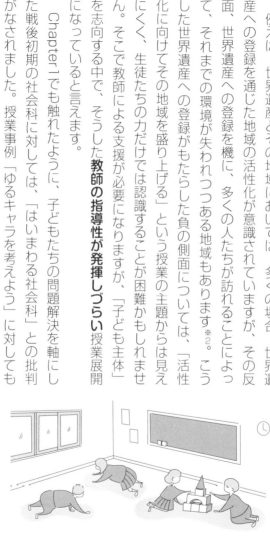

社会科授業の目標をより良く達成させるための手段として位置づけられるべきものですが、ここでは、**活動自体が目的化**してしまっており、結果として形成される社会認識の質に課題があると言えます。

ハマりやすい理由

その一方で、こうした活動的な授業は、学校現場においてしばしば見られる授業のあり方でもあります。こうしたNGパターンにハマりやすい理由としては、佐藤学氏が述べているように、「学びから逃走する」子どもたちに対して、活動的で協同的な学びは、その**処方箋として有効であるように見える**からです※3。また、こうした授業は、活動している子どもたちはもちろんのこと、教師の側にとっても、子どもたちが居眠りなどをせず、生き生きと活動している（ように見える）ため、満足度を得やすいという事情もあります。教師の誰もが、退屈で面白みのない授業を何とかしたいと思っていますので、そうした点からも、こうした授業が魅力的に映ってしまうわけです。授業研究会や授業参観等で、子ども主体の授業が公開されるケースが多いのも同様の理由からだと考えます。

子どもはしばしば誤った認識をもっている

子どもたちの活動を軸に授業を展開することで，社会認識を深めることができないだけでなく，ときに**誤った認識**を形成してしまうことさえあります。子ども任せの活動中心の授業では，そうした認識を正していくことも難しくなってしまいます。

下の資料は，大学生の社会認識についての調査における調査問題の一部です※4。取り上げられているのは，すべて私企業なので，企業活動の主目的は言うまでもなく，「③営利の追求」ですが，そのように回答できる大学生は，筆者の勤務校でも決して多くありません。現代の資本主義社会において，企業活動の主目的が利潤追求であることは，中学校社会科で取り上げられていますが，こうした根本的な理解について，大

（問）以下の企業について，その企業活動の主目的は何だと思いますか。それぞれ番号で答えてください。

武富士（　）	任天堂（　）	ダイエー（　）
資生堂（　）	セブンイレブン（　）	大成建設（　）
住友銀行（　）	トヨタ自動車工業（　）	TBS（　）
松下電器（　）	武田製品工業（　）	NTT（　）
小学館（　）	朝日新聞社（　）	JR西日本（　）

①　国民の教養の形成　②日本経済の発展　③営利の追求
④　科学技術の進歩　⑤国民生活の改善　⑥国民福祉の向上

調査問題（授業を考える心理学者の会『いじめられた知識からのメッセージ』北大路書房，1999年，pp.163-164，一部，表現や選択肢を改変）

学生になった時点でも、誤った認識を保持していることがあります。

Point

活動中心の社会科授業は、**合理的判断や感情的判断に基づく態度の形成よりも、表出される子どもたちの行動そのものを重視するもの**になっている。（図５）

註

1、4　授業を考える教育心理学者の会『いじめられた知識からのメッセージ　ホントは知識が「興味・関心・意欲」を生み出す』北大路書房、1999年、pp.7-8、163-164

2　例えば、石見銀山（文化遺産、島根県）などが挙げられるが、最近のケースが、「傷つく自然遺産」読売新聞（日刊）2021年12月27日、などでも紹介されている。

3　佐藤学『「学び」から逃走する子どもたち』岩波ブックレット、2000年

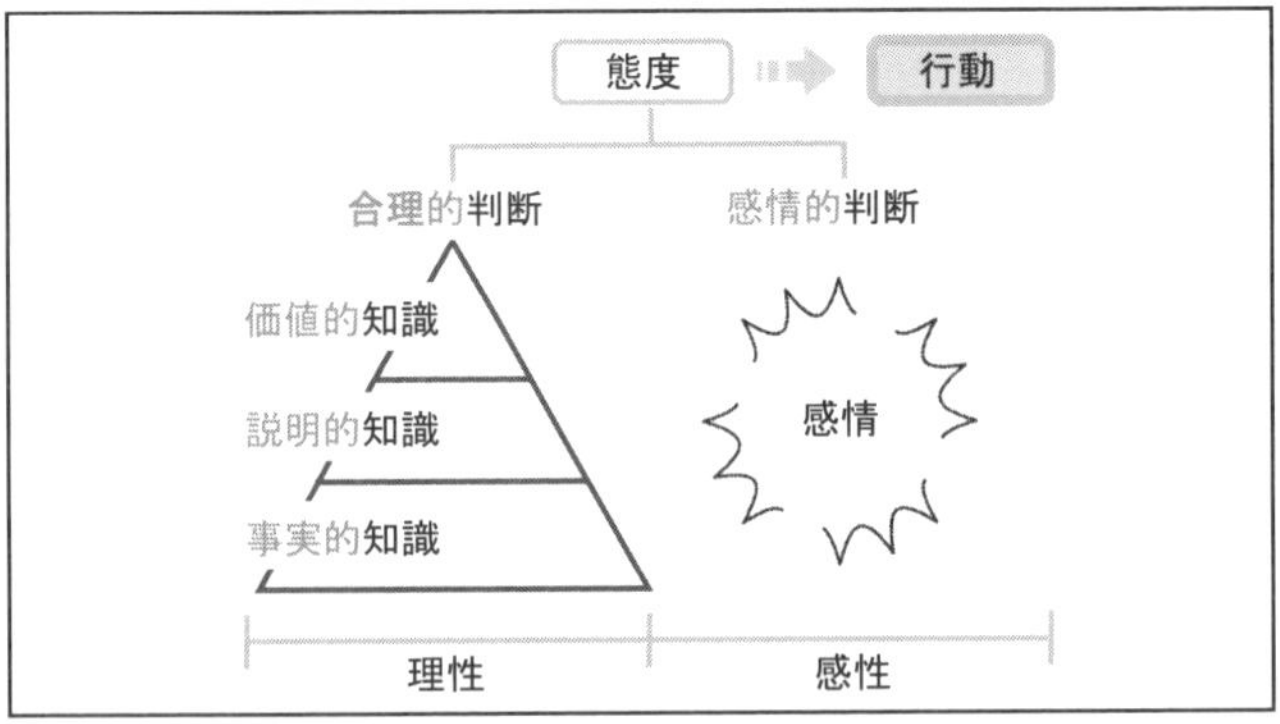

図５：社会科における学力像とこのタイプの授業の関わり方
（森分孝治「市民的資質育成における社会科教育－合理的意思決定－」『社会系教科教育学研究』第13号，2001年，を参照作成，網掛け部はこのタイプの授業が主として関わっている領域を示している）

Chapter 3

社会科授業構成の４タイプ

ハマりやすいＮＧポイント＆アップデートの新公式

Topics

- 「知識伝達」に重きを置いた授業構成
- 「事象の意味や意義」に迫る授業構成
- 「概念や理論」の習得をめざす授業構成
- 子どもたちに「価値判断」を求める授業構成

Step 1 どのような授業なのか

Step 2 なぜそのような授業なのか

Step 3 その特質と課題

社会科授業構成の4タイプ

タイプ①

01

「知識伝達」に重きを置いた授業構成

【ステップ1】どのような授業か

授業事例①「徳川氏の天下」

Chapter2において、社会科授業NGパターンとして、「価値注入的な授業」と「活動中心の授業」について考察してきました。これらのNGパターンとは別に、これまで社会科では様々なタイプの授業が実践されてきました。こうした授業はそれぞれ意義がある一方で、課題もあります。Chapter3では、タイプ別に、授業構成の特質や課題、それぞれの授業が陥りやすいNGポイントや授業改善の視点について考察していきます。

社会科授業タイプのうち、最初に「知識伝達」に重きを置いた授業構成のあり方を取り上げます。皆さんの中には、Chapter2で取り上げた「価値注入的な授業」や「活動中心の授業」を回避する授業のあり方として、教科書やその内容を規定する学習指導要領に示されている内容を教師がわかりやすく説明、解説し、**あらかじめ定められた知識を伝達していくことが**社会科授業の役割ではないか、と考えている人もいるのではないでしょうか。

ここでは、そうした考え方に基づいた授業構成のあり方について考察していきます。

次に示した授業事例（学習指導案）「徳川氏の天下」は、教科書や教師用指導書を基にして、歴史的分野における江戸幕府の大名統制を主題に構成したものです。まずはこれに基づいて、このタイプの授業がどのような授業なのかを確認しましょう。

授業の展開

まず**導入部**では、関ヶ原合戦の後、征夷大将軍に任ぜられて武家の頂点に立った徳川家康が、江戸幕府を創設し、大阪の陣を経て、全国支配の基礎を確立していく過程を確認します。そして、江戸幕府にとって最大の政治的課題であった大名統制について、「江戸幕府の大名統制策とはどのようなものであったか」という本時の学習課題を設定します。

続く**展開部**において、①大名の配置、②法制度、③政治制度という3つの視点から、江戸幕府の大名統制策の内実を確認していきます。①については、大名配置図を基に、関東・近畿地方の幕領やその周辺には譜代大名が配置され、外様大名は江戸から遠く離れた場所に配置されたことを確認します。②については、武家諸法度を取り上げて、大名同士の婚姻や築城が制限されたこと、参勤交代の制度によって江戸と領地を1年おきに往復し

中学校社会科　歴史的分野　学習指導案

1　主題「徳川氏の天下」

2　目標　①　徳川家康による全国支配確立の過程を理解する。
　　　　　②　江戸幕府による大名統制策がどのようなものであったかを理解する。

3　学習展開

	発問（指示・説明）	資料	生徒に身に付けさせたい知識
導入	・この写真はある戦いが行われた場所の空撮写真です。何という戦いでしょうか。	①写真「関ヶ原古戦場」	1600年の関ヶ原合戦。この戦いに勝利した徳川家康は，征夷大将軍に任ぜられ，江戸幕府を開くことで，名実ともに武家の頂点に立った。
	・江戸幕府が開かれた直後の最大の課題は何だったか。	②地図「大名配置図」	・江戸幕府が開かれた後も，大阪60万石を領していた豊臣氏の存在は，徳川氏にとって脅威だった。
	・どのような出来事がきっかけで豊臣氏は滅ぼされることになったのか。	③写真「方広寺鐘銘」	・豊臣秀頼は京都にある方広寺の大仏再建を行っていたが，そこに掲げられた鐘に刻まれた文字が問題とされた。
	・鐘に刻まれた「国家安康　君臣豊楽」の文字がなぜ問題とされたのか。	④図版「大阪の陣」	・「家康」の名を引き裂いて，「豊臣」栄えることを意味するものとされた。しかし，方広寺には現在でもこの鐘は残されており，単なる言いがかりであった可能性が高い。これをきっかけに、1614，15年の二度にわたる大阪の陣によって豊臣氏は滅亡した。
	・豊臣氏が滅亡した後，江戸幕府にとって，強大な権力を維持していく上で，何が課題となっていたか。	②地図「大名配置図」	・江戸幕府は全国に領地を持ち，京都や大阪，長崎などの重要な都市を直轄地として支配した。貨幣鋳造の権利や外交・貿易を独占するなど，圧倒的な経済力を有していたが，全国には多数の大名が存在しており，それらを統制することが重要な課題であった。
	◎江戸幕府の大名統制策とはどのようなものであったか。		
	・そもそも大名とは何か。		・将軍から１万石以上の領地を与えられた武士を大名と呼び，大名の領地と支配のしくみを藩と呼んだ。

	・１万石未満の武士を何と呼ぶか。		・１万石未満の将軍直属の武士を旗本・御家人と呼んだ。旗本は将軍に直接会うことができたが，御家人は会うことができなかった。
	・大名にはどんな区別があったか。		・親藩・譜代・外様という区別があった。親藩は徳川氏の一族で，中でも尾張・紀伊・水戸の徳川氏を御三家と呼ばれた。譜代は関ヶ原の戦いよりも前からの家臣，外様はそれ以後に徳川氏に従った大名であった。
展開	○全国の大名の配置には，どのような工夫が見られるか。	②地図「大名配置図」	・親藩や譜代は，関東地方や近畿地方などの幕領やその周辺に配置された。 ・外様は江戸から遠く離れた場所に配置された。
	○配置の工夫の他，江戸幕府は大名を統制するために何を定めたか。	⑤資料「武家諸法度」	・武家諸法度という法を定めた。武家諸法度によって，築城・結婚・参勤交代のきまりが整えられた。
	・参勤交代とはどのような制度だったか。	⑥図版「大名行列」 ⑦資料「大名の財政」	・大名は，妻子を江戸に置き，１年ごとに江戸と領国に住むことが決められていた。往復の大名行列や江戸住まいにかかる費用が藩の財政を苦しめた。そのことで大名の経済力や軍事力が抑制・削減された。
	○政治組織の面で，江戸幕府はどのような工夫をしていたか。	⑧資料「江戸幕府の仕組み」	・大老は将軍の補佐役であり，臨時で置かれた最高職である。老中は将軍に直属して国政を統括する常置の職で諸奉行を統括し，４－５名の定員で譜代大名から任ぜられた。若年寄は旗本や御家人の統制を軸として，法令の伝達にもあたった。定員は３－５名で譜代大名が任ぜられた。 ・寺社奉行・町奉行・勘定奉行の３職は，合わせて三奉行と呼ばれ，旗本から任ぜられた。 ・一方で，外様大名は幕政に関与できなかった。
	◎江戸幕府の大名統制策とはどのようなものであったか		・大名統制は，江戸幕府が強大な権力を維持していく上で最も重要な課題であった。

終結			・江戸幕府は，大名配置を工夫し，武家諸法度を定めることによって，全国の大名を厳しく統制した。 ・外様大名を幕政に関与させず，譜代大名や旗本を中心に幕政を進めていくことで，安定した政治組織を構築した。

参考資料　学習指導案「徳川氏の天下」

（『中学社会 歴史的分野』日本文教出版，2021年，及び，『中学社会 歴史的分野 教師用指導書 学習指導編』日本文教出版，2021年，参照して筆者作成）

て生活し、そのための費用が結果として藩の財政を圧迫していたことについて確認します。③については、江戸幕府の仕組みを示し、大老や老中、若年寄や三奉行といった要職には譜代大名や旗本が任ぜられ、外様大名は幕政に関われなかったことを確認します。

そして**終結部**において、本時の学習課題に立ち戻り、展開部で確認した3つの人名統制策の内容を整理し、本時のまとめとします。

この授業事例「徳川氏の天下」は、教科書等に示される江戸幕府の大名統制に関わる具体的な知識を満遍なく効率的に伝達するものになっています。このように、あらかじめ定められた知識の伝達を重視することで、一定の価値を注入したり、必要以上に子どもたちに活動させたりすること、つまり2つのNGパターンの回避につなげることができます。

Point

NGパターンを回避する授業構成として、**「知識伝達」に重きを置いた構成**が考えられる。

02 「知識伝達」に重きを置いた授業構成

【ステップ2】なぜそのような授業なのか 〈授業構成の考え方〉

事象に関する諸要素（事実的知識）を網羅的・並列的に配列し、その全体像を理解させる

それでは、授業事例「徳川氏の天下」の基盤には、どのような授業構成の考え方があると言えるでしょうか。まず、次の2点が、授業の目標とされていました。

> ① 徳川家康による全国支配確立の過程を理解する。
> ② 江戸幕府による大名統制策がどのようなものであったかを理解する。

こうした目標に基づいて、授業では、徳川家康による江戸幕府開設の過程と、江戸幕府の大名統制策の全体像を理解することがめざされています。

まず導入部において、関ヶ原の戦いでの勝利、征夷大将軍への就任と江戸幕府の開設、大阪の陣による豊臣氏の滅亡など、徳川氏が天下を掌握していく過程の中で起きた様々な出来事を一つひとつ取り上げてそれぞれがどのような出来事であったかを確認しています。

続く展開部では、大名配置の工夫、武家諸法度の制定、譜代大名や旗本・御家人中心の職制など、江戸幕府の最重要課題であった大名統制のあり方について、その内容を一つひとつ取り上げて、それぞれがどのような内容であったのかを確認しています。終結部では、それらの内容を再び整理して、授業全体のまとめとしています。

このように、授業事例「徳川氏の天下」においては、徳川氏による天下の成立過程、江戸幕府における大名統制策という歴史的な事象を構成している**諸要素（事実的知識）を、一つひとつ網羅的**に取り上げて配列しています。

また、それらの事実的知識の配列の仕方については、導入部においては、時間的な経過が軸になっていますが、授業展開の中核となる展開部及び終結部については、大名配置の工夫、武家諸法度の制定、譜代大名や旗本・御家人中心の職制など、江戸幕府の大名統制策に関する事実的知識が、**並列的に配列**されていると言えます。ここで「並列的」という表現を用いたのは、それぞれの知識が独立した内容として同等に扱われており、そこに順序性や優先度が定められていないということを表わそうとしたためです。

授業事例「徳川氏の天下」においては、大名の配置↓法制度↓政治制度という順序で学習が展開していますが、これら3つの要素が漏れなく提示されていれば、必ずしもこの順序で展開していなくても、授業の目標は達成できるため大きな問題はないものと思われます。

授業のねらいは、それらの事実を網羅的に提示し、江戸幕府の大名統制策の全体像を理解させることにあります。そのため、何らかの視点に基づいてその意味を探ったり、他の事象と比較したりすることで歴史的な意義を探ったりすることはせずに、江戸幕府の大名統制策を構成している詳細な事実を知ることで、その全体像の理解がめざされています。

一問一答形式によって教授・学習過程を展開させる

このように、授業事例「徳川氏の天下」においては、徳川氏による天下の成立過程、江戸幕府の大名統制策に関する事実を一つひとつ取り上げて確認していきますが、その際、それぞれの事実に対応した問い（発問）を組織しています。

例えば、展開部において、「大名」の定義について確認していく過程がありますが、そこでは、「大名とは何か」「1万石未満の武士を何と呼ぶか」「大名にはどんな区別があったか」といった問いが設定されています。そして、これら一つひとつの問いに対しては、基本的に1つの答えがあり、正解か不正解かが明確な問いになっていると言えます。「大名とは何か」という問いに対しては、「将軍から1万石以上の領地を与えられた武士である」という答えが、「1万石未満の武士を何と呼ぶか」という問いに対しては、「1万石未満の将軍直属の武士を旗本・御家人と呼び、旗本は将軍に直接会うことができたが、御家人は会うことができなかった」という答えが導かれるようになっており、それ以外の答えが出てくる余地はありません。

ここに見られる問いと答えの関係は、基本的に**一問一答**的なものであり、このような1対1の問いと答えを往復しながら、教授・学習過程が展開していきます。教師が発した問いに対して、生徒たちは教科書や資料集、その他に与えられた資料の中から正解を探し出して答えます。教師はその内容が誤っている場合は正し、正しい答えを説明し、板書してまとめていきます。生徒たちは教師の説明を聞き、板書などをノートに書き写していくことになります。

授業を貫く問いを「HOW（どのような）」によって構成する

授業事例「徳川氏の天下」の学習展開は、基本的には、1対1の問いと答えの往復過程となっていますが、特に、導入部で設定される「江戸幕府の大名統制策とはどのようなものであったか」という問いを中核に展開していきます。つまり、この問いが、授業全体を貫く問いとなっており、その下位に、先にも触れたような複数の問いが位置づけられる構成となっています。

本書においては、このような授業を貫く問いを**「Main Question」**と呼ぶこととします。そして、社会科授業の構成の考え方によって、Main Question の設定の仕方は異なってきますが、このタイプの授業においては、Main Question が、**「HOW（どのような）」**という問いによって構成されるという特徴を見出すことができます。

この「HOW（どのような）」という問いは、基本的に状態や様子を問うためのものであり、対象となる事象について、できるだけ詳しい情報を集積して、その全体像をつかむための問いであると言えます。そのため、「HOW（どのような）」という問いを軸に展開する社会科授業は、Main Question の下位に、１対１の問いと答えを数多く組織して、問いと答え（正解）を往復していくことで展開し、学習対象となる事象を構成する諸要素（事実的知識）を取り上げて、それらを一つひとつ網羅的に確認していくことで、その全体像を理解させるものとなります。

Point

「知識伝達」に重きを置いた授業構成では……

- □ 事象に関する諸要素（事実的知識）を**網羅的・並列的**に配列し、その全体像を理解させる。
- □ **一問一答**形式によって教授・学習過程を展開させる。
- □ 授業を貫く問いを**「HOW（どのような）」**によって構成する。

03
「知識伝達」に重きを置いた授業構成

【ステップ3】その特質と課題

教師が「正しい知識」を子どもたちに伝達する

授業事例「徳川氏の天下」に見られるタイプの授業は、事象を構成する諸要素（事実的知識）をできるだけ詳しく集積して、**事象の全体像を理解させる**ことをめざしています。

それでは、なぜこのような授業構成の考え方が成立するのでしょうか。それぞれの社会科授業構成の考え方には、学習対象である「社会」というものをどのように捉えるかという「社会観」と、そのあり様を理解するための「知識」というものをどのように捉えるかという「知識観」とが関係しています。そして、このタイプの授業構成の考え方の基盤には、社会を人間の立場や視点とは関わりなく、客観的に理解することができるものとして捉える社会観と、そのように客観的に確定された**「正しい知識」**を習得していくことが、社会認識を形成することであるという知識観が存在していると考えられます[※1]。そのため、子どもたちの社会認識の形成をめざす社会科授業は、「正しい知識」を十分に有した教師が、子どもたちに対して、それらの知識を網羅的かつ効率的に伝達する場として位置づけられるわけです。

そこでは、学習者である子どもたちは、子どもたちを自ら思考し知識を成長させていく有機体ではなく、正しい知識を受け取り集積する**「受容器」**のようなものとして捉えられます。そして、その器の中に、「正しい知識」を集積していくことで、正しい社会認識を形成していくことができると考えるため、教材研究を通して「正しい知識」を十分に有した教師が、それらを漏れなく伝達していくことが授業のねらいとされます。このような授業構成の考え方における教師の役割とは、不十分で不正確な知識しか有していない子どもたちに対して、「正しい知識」を注ぎ込むことであると言えます。

また、子どもたちの発達は、その器の大きさとして現れるため、教師は目の前にいる子どもたちの器の大きさを見極め、そこから知識が溢れださないように注意を払いながら授業を構成していく必要があります。時には、知識の伝達を効率化するための工夫（例えば、学習内容を整理した穴埋め式の学習プリントを作成し配布する等）や、一日習得した知識が漏れ出ないように、定期的に小テストを行ったり、反復的なドリル学習を行ったりするなど、知識の定着を図る工夫を行うことになります。

ここで教師が伝達すべき「正しい知識」とは、NGパターン①「価値注入的な授業」に見られたように、教師自らが望ましいと考える生き方や価値観を反映したものではなく、学習指導要領や教科書に取り上げられたものが中心となります。もちろん、学習指導要領や教科書自体も無数に存在している知識の中から選択して構成されたものですが、教師が独断で選択したものではなく、あくまでも公教育として適切と判断された知識群であり、それらを伝達することに専念することで、教師自らが子どもたちに**特定の生き方や価値観を注入することを回避**することができます。

さらに、教師が、そうした「正しい知識」の伝達者としての役割を果たすことで、NGパターン②「活動中心の授業」に見られたように、学習展開を子どもたちに委ねることで生じる**知識の漏れや欠落**を最小限に抑えることができます。また、全国一律に選別された知識を漏れなく習得させていくことで、**学力低下の批判**をかわすこともできます。

このように、「知識伝達」に重きを置くことで、２つのＮＧパターンを回避することができますが、このような授業構成には、課題はないのでしょうか。

「社会科＝暗記教科」のイメージを強化してしまう

教師が伝達する知識群は、学習指導要領や教科書に示されているものですが、そもそもそれらの知識をなぜ学ばなければならないのでしょうか。例えば、江戸幕府の大名統制策を、令和の時代に生きる子どもたちが学ぶ意義は、どこにあると言えるのでしょうか。

このタイプの授業で取り扱われている「正しい知識」とは、学習者である子どもたちが欲したものというより、基本的には、**教える側にとって意味ある知識群**であると言えます。現代の子どもたちにとっては直接関係のない知識であったとしても、江戸幕府の大名統制策は、約260年間続いた平和な時代を現出させた大きな要因となっており、日本という国家の歴史的な展開を物語っていく際には不可欠な知識です。そのため、学習指導要領や教科書においては、子どもたちに伝達すべき知識として選定されているわけです。自分たちにとっては必ずしも学ぶ意義が明確ではないものの、子どもたちはそれらを受容していくしかなく、結局のところ、**知識の暗記学習**に終始することとなります。こうした授業は、「社会科=暗記教科」というイメージを強化するものです。

また、そこで習得される知識は、事象の構成要素（事実的知識）が中心であるため、一回性・個別性が強く、その他の学習に活用されることはほとんどありません。それは「教養」としての知識とも言うべきものです。合わせて、Chapter1でも触れたような1人1台端末時代において、事実的知識は、子どもたちの力だけでも容易に入手できます。そのような中で、授業が事実的知識の伝達に終始するならば、学校で社会科を学ぶ意義がますます見えにくいものになってしまうでしょう。

子どもたちから思考や判断の機会を奪ってしまう

社会科は本来、国家・社会の形成者に求められる資質や能力、認識を育成するための教科です。知識量を増やすこと以上に、主権者に求められる思考や判断の力を育てていくことが重要です。しかし、このタイプの授業に見られる1対1の問いと答え（正解）の往復に終始する展開は、そうした力を鍛える機会を子どもたちから奪うことになります。

また、子どもたちを静的な「受容器」として捉えるため、授業は**教師による「説明（解説）」の過程**となり、子どもたち自身が真剣に思考し、自らの知識を成長させていくという視点に欠けてしまいます。

Point

□「知識伝達」に重きを置いた社会科授業は、**事実的知識の習得**が中心となる。（図６）

□そのため、暗記学習に終始し、**思考や判断の機会に乏しい**という課題がある。

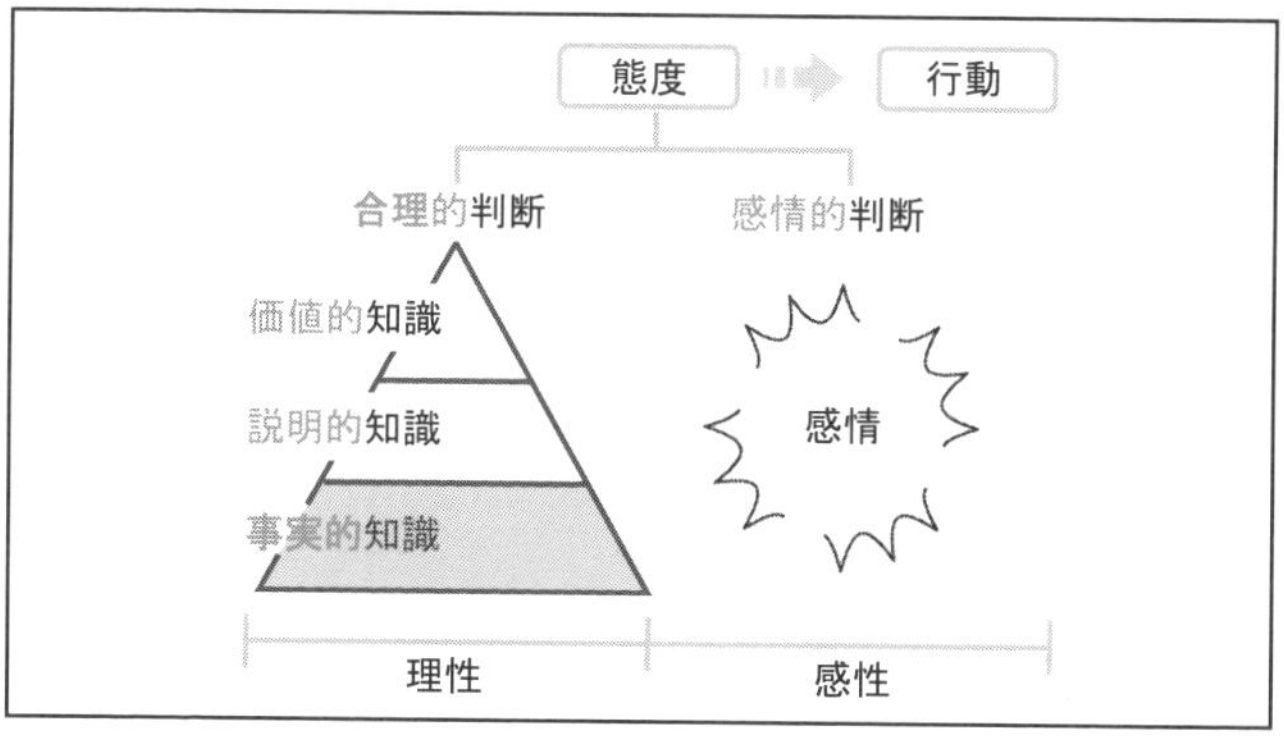

図６：社会科における学力像とこのタイプの授業の関わり方
（森分孝治「市民的資質育成における社会科教育－合理的意思決定－」『社会系教科教育学研究』第13号，2001年，を参照作成，網掛け部は，このタイプの授業が主として関わっている領域を示している）

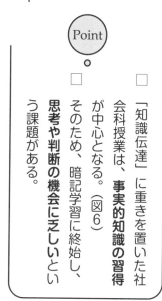

社会科授業構成の4タイプ

タイプ①

04

「知識伝達」に重きを置いた授業構成

ハマりやすいNGポイント&アップデートの新公式

NGポイント① ―授業づくりを簡素化してしまう―

ここまで見てきたように、「知識伝達」に重きを置いた授業構成には、社会科として大きな課題を指摘することができますが、学校現場においては、広く実践されている授業のあり方となっています。それはなぜなのでしょうか。

このタイプの授業は、伝達すべき知識があらかじめ確定されているため、**教科書があれば直ちに実践が可能**です。それほど経験を積んでいない若手の教師であっても、教科書の内容を順番にわかりやすく説明することを心がけていれば授業として成立するため、それほど深い教材研究を行う必要はありません。このように授業づくりを簡素化できるという事情もあり、このタイプの授業が広く実践されているのも事実です。もちろん「社会科授業のプロフェッショナル」としては、授業づくりにこそ十分な時間を割きたいところです。

NGポイント②　―受験対策に傾注してしまう―

また、「知識伝達」に重きを置いた社会科授業は、**「受験」**という現実的な要請に応えることができます。本来、「受験」は私的な領域の問題ですが、実際には、子どもや保護者からの期待を無視できませんし、高校入試の場合、学習指導要領や教科書の内容に準拠して作問されるため、基本的にはわかりやすい解説やドリル学習が有効な対策となります。

受験対策のための社会科授業は、合否や得点を通じてその成果を明確につかむことができ、教師も満足度を得やすく、実績を高めることで子どもや保護者の信頼を得ることができます。そのため、説明（解説）中心で受験対策に傾注する教師も多いと思われます。

NGポイント③　―知識過剰に陥ってしまう―

「知識伝達」に重きを置いた社会科授業は、「ＨＯＷ（どのような）」という問いを軸に構成され、それはできるだけ詳しい情報を収集し全体像をつかむための問いでした。そのため、熱心で誠実な教師ほど、**より詳しく、より丁寧に**説明（解説）しがちになります。

その結果として、しばしば**「知識過剰」**の授業に陥ってしまいます。

アップデートをめざして　―思考し対話するための学習課題を設定する―

このタイプの授業をアップデートするためには、**子どもたちが思考し判断する機会**を、授業展開の中に少しでも取り入れることが大切です。例えば、穴埋め式の学習プリントを使用する場合でも、思考し判断した結果を表現する課題を設定することが肝要です。

例えば、授業事例「徳川氏の天下」で扱われていた「参勤交代」は、一般的には大名の経済力を削ぐための策として理解されがちですが、鎌倉時代で扱う「御恩と奉公」の知識と関連づけることで本来の意味が見えてきます。「御恩と奉公」と「参勤交代」が関連づけて教えられることはあまりありませんが、江戸時代の将軍と大名の間にも、土地や人民の支配権の承認という「御恩」に対して、様々な役や参勤交代という「奉公」が成立しており、参勤交代によって大名の経済力が抑えられたのは、結果論に過ぎないとする考え方もあります※2。実際、参勤交代を定めた1635（寛永12）年の武家諸法度では、「従者ノ員数近来甚ダ多シ、且ハ国郡ノ費、且ハ人民ノ労也。向後其ノ相応ヲ以テ、之ヲ減少スベシ。」ともされています。こうした史料を示して、「参勤交代のねらいは何か。御恩と奉公という言葉を用いて説明しなさい」といった具合に、２つの知識を関連づけて思考する学習課題を設定し、対話的な学習も取り入れることで静的な授業をアップデートすることができます。また、近年の高校入試では、個別の知識では対応できない、思考力や判断力を問う問題も出題されており、そうしたことも踏まえたアップデートが求められます。

Point

●「知識伝達」に重きを置いた社会科授業には、**「授業づくりの簡素化」「受験対策への傾注」「知識過剰」**といったNGポイントがある。

註
1　筒井淳也『社会を知るためには』筑摩書房、2020年、pp.42-44
2　早川明夫「参勤交代のねらいは？―『参勤交代』の授業における留意点―」文教大学教育研究所編『教育研究所紀要』16巻、2007年

社会科授業構成の
4タイプ
タイプ②

01

「事象の意味や意義」に迫る授業構成

【ステップ1】どのような授業か

授業事例②「足利義満と日明貿易」

前節においては、学校現場で最も広く実践されていると思われる「知識伝達」に重きを置いた授業構成のあり方について検討しました。このタイプの授業には、事実的知識の暗記学習に留まりがちになることやそのために学校で社会科を学ぶ意義が実感しにくいといった課題がありましたが、こうした課題をどのように解決すれば良いのでしょうか。

そのための1つの手立てとして、事実的知識を習得するだけでは見えてこない、事象の意味や意義、すなわち、**事象解釈に迫る**ことで、より深い学びや理解を促すことを意識した授業づくりが考えられます。そうした事象解釈は学習指導要領や教科書には明示されない場合が多く、子どもたちだけの力で到達することは難しいと思われるため、授業づくりに先立って、教師が独自に教材研究を行い、その成果を基に授業を構成していきます。ここでは、そうした考え方に基づいた授業構成のあり方について考察していきます。

次に示した授業事例（学習指導案）「足利義満と日明貿易」は、かつて筆者自身が作成したものをベースに、歴史的分野における室町幕府の対外関係を主題に構成し直したものです。まずはこれに基づいてこのタイプの授業がどのような授業なのかを確認しましょう。

授業の展開

まず**導入部**では、本時の主題である「日明貿易」とは、それが室町幕府3代将軍の足利義満による朝貢貿易であったこと、正式な貿易船であることを証明する「勘合符」を用いたことを確認していきます。そして、鎌倉時代には、元からの朝貢の求めを鎌倉幕府が拒否したために戦い（＝「元寇」）が起きていたのに対して、「なぜ義満は自ら使者を送り朝貢したのか。日明貿易とは何だったのか」という本時の学習課題を設定します。

続く**展開部Ⅰ**において、明へ朝貢する形式ではあったものの、貿易の実態としては、室町幕府の大きな財源となるほど利益が大きかったことを確認し、義満は貿易の結果として得られる経済力に目を付けていたことを導き出しています。続く**展開部Ⅱ**において、国内的には、勢力を拡大してきた守護大名を抑えることが課題であったことを確認し、義満は明への朝貢の結果として得られる権威性にも目を付けていたことを導き出しています。

中学校社会科　歴史的分野　学習指導案

1　主題「足利義満と日明貿易」

2　目標　①　日明貿易がどのようなものであったかを理解する。
②　足利義満は明に朝貢することで得られる経済的な力と明皇帝による承認という権威によって，国内的な支配力を高めようとしていた。義満にとって日明貿易は，両方を得ることができる合理的な手段であったことを理解する。
③　日明貿易はその後の文化に大きな影響をもたらしたことを理解する。

3　学習展開

	発問（指示・説明）	資料	生徒に身に付けさせたい知識
導入	・足利義満について何か知っていることはないか。		・室町幕府の3代将軍，京都の北山に金閣を建てた，アニメ「一休さん」に登場するひげの将軍様，中国（明）と貿易を行った人・・・等。
	・義満が行った日明貿易は，どのような特徴がある貿易だったか。	①資料「勘合貿易のしくみ」 ②資料「15世紀の東アジア」 ③史料「義満の国書」	・義満は，1401年に自ら明に使いを送り，朝貢した。また当時，朝鮮や中国大陸沿岸で頻発していた「倭寇」と呼ばれた海賊と区別し，正式な貿易船であることを示す「勘合符」を用いたため，「勘合貿易」とも呼ばれる。
	・義満のこのような外交姿勢に対して，室町幕府以前の鎌倉幕府はどのような姿勢をとっていたか。	④資料「フビライの国書」	・1279年に宋を滅ぼして中国全土を統一した元のフビライ・ハンは，日本に使者を送り，武力を背景に国交を求めたが，幕府執権の北条時宗はこの要求を退け，戦いとなった（＝「元寇」）。
	◎なぜ義満は自ら使者を送り朝貢したのか。日明貿易とは何だったのか。		
	・明との朝貢貿易の実態はどのようなものだったか。	⑤資料「日明貿易の輸出入品」 ⑥資料「室町幕	・日本からの輸出品は銅や硫黄，刀剣や扇などで，明からの輸入品は生糸や絹織物，陶磁器，書画等であった。 ・また日本で不足していた銅銭も大量に輸入された。 ・明との朝貢貿易の実態は室町幕府の

展開Ⅰ		府の財源」	大きな財源となるほど利益の大きなものであった。
	○明との朝貢貿易の実態を踏まえると，義満はなぜ自ら使者を送って朝貢したと考えられるか。	⑦資料「明の海禁政策」	○明は倭寇を抑えるため，外国との貿易を制限し，公式の朝貢による交易のみを許可していた。義満は明に朝貢する関係を選び，その結果として得られる経済力に目を付けていたから。
展開Ⅱ	・義満が明に朝貢した頃の日本国内の状況はどのようなものだったか。	⑧資料「守護大名」	・南北朝の動乱の時代を通じて，幕府から任命された守護は，次第に国司の仕事を行うようになっていた。 ・さらに，国内の武士を家来にして，農民に税や労役を課したり，荘園の年貢の半分を取り立てて家来に与えたりしていた。 ・任命された国を自分の領地のように支配し，「守護大名」と呼ばれるようになっていた。
	・このような状況の中で，室町幕府の将軍として，義満が支配力を強めていくためにはどうしたらよいか。	⑨資料「室町時代の戦乱と守護大名」	・義満は実力（武力）で守護大名の勢力を抑えようとした。 ・例えば，1391年には，一族で11ヶ国の守護を兼ねて「六分の一衆」と呼ばれた山名氏の家督争いに武力で介入して，その勢力を３ヶ国に削減した。
	・明との朝貢貿易を行うことで，義満は経済的な利益以外に，何を手に入れることができたか。	⑩史料「明の国書」	・明は義満を「日本国王」として認め，倭寇の取り締まりに当たらせた。 ・将軍職は４代義持に譲っていたが，義満は朝貢の結果として，明の皇帝から日本の支配者として承認された。
	○国内的な状況を踏まえると，義満はなぜ自ら使者を送って朝貢したと考えられるか。		○明に朝貢し「日本国王」として承認されることでその地位（権威）を高め，朝廷（天皇）や守護大名に対して優位に立つことができるため。
終結	◎なぜ義満は自ら使者を送り朝貢したのか。日明貿易とは何だったのか。		◎義満は，室町幕府の将軍としての自らの支配力を高めるために，経済力と権威を求めていた。日明貿易は義満にとってその両方を同時に得ることができる合理的な手段であったと考えられる。
	・義満が行った日明貿易はどのよ	⑪資料	・室町時代の文化（北山文化・東山文

	うな影響を与えたか。	「北山文化・東山文化」⑫「茶の湯」。	化）には，日明貿易によってもたらされた文物が大きな影響を与えている。 ・中国からもたらされた文物は「唐物」と呼ばれ，室町時代以降に発展した茶の湯の道具としても用いられた

参考資料　学習指導案「足利義満と日明貿易」

（筆者自身が1999年に高等学校「日本史 B」を対象に作成した学習指導案を改訂して作成。なお，その当時の参考文献としては，今谷 明『室町の王権 足利義満の王権簒奪計画』中央公論新社，1990年，永原慶二『大系日本の歴史⑥ 内乱と民衆の世紀』小学館，1992年，などがある。また，『新詳 日本史図説』浜島書店，1998年，を資料集として用いた。改訂に際しては，『小学社会 6年』日本文教出版，2021年，『中学生の歴史 日本の歩みと世界の動き』帝国書院，2021年，『中学社会 歴史的分野』日本文教出版，2021年，及び，『中学社会 歴史的分野 教師用指導書 学習指導編』日本文教出版，2021年，も参照した）

そして**終結部**において、本時の学習課題に立ち戻り、義満にとって日明貿易は、経済的利益と権威性を同時に得ることができる合理的な手段であったことを導き出します。さらに、日明貿易の文化的影響についても考え、本時のまとめとしています。

このように、授業事例「足利義満と日明貿易」は、日明貿易がどのような貿易であったのかという事実的知識を提示するだけに留まらず、日明貿易という外交政策がもつ同時代的な意味やその影響を踏まえた意義に迫るものになっています。また、そうした解釈は、教師によって一方向的に説明（解説）されるのではなく、根拠となる資料・史料を基にして、生徒たち自身が納得して理解できるようになっています。

Point

「知識伝達」に重きを置いた授業の課題の解決につながる授業構成として、**「事象の意味や意義」に迫る構成**が考えられる。

社会科授業構成の4タイプ
タイプ②

02 「事象の意味や意義」に迫る授業構成

【ステップ2】なぜそのような授業なのか 〈授業構成の考え方〉

子どもたち自身が事象のもつ意味や意義（事象解釈）について考える

それでは、授業事例「足利義満と日明貿易」の基盤には、どのような授業構成の考え方があると言えるでしょうか。

まず、次の3点が、授業の目標とされていました。

①日明貿易がどのようなものであったかを理解する。
②足利義満は明に朝貢することで得られる経済的な力と明皇帝による承認という権威によって、国内的な支配力を高めようとしていた。義満にとって日明貿易は、両方を得ることができる合理的な手段であったことを理解する。

③日明貿易はその後の文化に大きな影響をもたらしたことを理解する。

こうした目標に基づいて、授業では、足利義満が行った日明貿易の具体的な内容に加えて、義満を取り巻く国内的な情勢を踏まえた同時代的な**意味**や、その後に与えた影響を踏まえた**意義**について理解することがめざされています。

まず導入部において、日明貿易が、明への朝貢貿易の形式を採っていたことや倭寇と区別するために「勘合符」を用いたため、「勘合貿易」とも呼ばれていたことなどを取り上げて、日明貿易がどのような外交政策に基づく貿易であったのかを確認しています。

続く展開部では、取引された文物などを基にして、その実態について検討しています。日明貿易は、明への朝貢貿易の形式を採っていたものの、貿易を通して中国産の牛糸や絹織物、陶磁器や書画などの貴重な文物が日本にもたらされていたこと、また、当時日本国内で不足していた銅銭も輸入され、それらが室町幕府の大きな財源となっていたことを確認しています。そして、これらの事実を基に、義満が自ら朝貢することで日明貿易を行った1つの理由として、結果として得られる経済的な利益に目を付けていたということを、生徒たち自身が導き出せるようになっています。また、義満を取り巻く国内的な情勢を取り上げ、鎌倉時代の守護たちが勢力を拡大して守護大名と呼ばれるようになっていたこと、義満は有力な守護大名たちを抑えるために武力行使を繰り返していたことなどを確認しています。こうした状況の中で明への朝貢が行われており、結果として義満は明皇帝より「日本国王」として承認されていたことを確認しています。そして、これらの事実を結び付けることで、義満が自ら朝貢することで日明貿易を行ったもう1つの理由として、自らの権威を高めることにあったということを、生徒たち自身が導き出せるようになっています。

終結部では、これら展開部における考察を踏まえることで、「日明貿易とは何だったか」という本時の学習課題に対して、義満にとって日明貿易とは経済力と権威性を同時に得られる合理的な手段であったという意味を、生徒たちが自ら導き出せるようになっています。また、室町時代の北山文化と東山文化の特徴や、この頃に輸入された工芸品や美術品は「唐

物」と呼ばれ、室町時代から安土桃山時代にかけて流行した「茶の湯」に用いられました。そうした事実を提示することで、日明貿易がその後の文化に与えた影響やその歴史的な意義についても考えることができるようになっています。

このように、授業事例「足利義満と日明貿易」は、例えば、「足利義満が行った日明貿易とはどのような貿易だったのか」といったHOW型の問いを軸に、日明貿易についての詳しい事実的知識を教師が説明（解説）するのではなく、日明貿易の実態や、足利義満が置かれていた当時の国内的な情勢に関する事実を基にして、生徒たち自身がその意味や意義について考え、納得して理解できる構成になっています。

「思考のプロセス」として教授・学習過程が展開する

そのため、教授・学習過程は、1対1の問いと答え（正解）の往復ではなく、授業全体を通じて、事象の意味や意義を問うための Main Question を追究していくものとなります。具体的には、そうした Main Question を解くために必要となる問い＝**「Sub Question」**を展開部に設定することで問いの構造化を図り、**構造化された問い**に基づいて、授業全体が Main Question を解くための**「思考のプロセス」**として展開します。

授業事例「足利義満と日明貿易」では、図7のような問い／知識の構造を見出すことができます。「日明貿易とは何か」というMain Questionに対して、まず日明貿易は「貿易」という経済行為であるため、その経済的な実態について検討しています。同時に明皇帝への「朝貢」という形式を採る外交政策でもあるため、その政治的な側面についても検討していきます。そして、それぞれの側面について考察する問いを、Sub Questionとして設定し、展開部に配列しています。

こうした問いの構造に基づいて学習を展開し、2つのSub Answerを関連づけることで、生徒たち自身が、日明貿易の意味や意義（Main Answer）に無理なく到達することができるようになっています。

MQ：日明貿易とは何か。
↓ SQ1：日明貿易による経済的なメリットは何か。
∟SA1：実態は利益が大きい貿易であった。
SQ2：日明貿易による政治的なメリットは何か。
∟SA2：明皇帝による承認という権威性が得られた。
MA：義満にとって日明貿易とは経済力と権威性を同時に得られる合理的な手段であった。さらに，その後の文化にも大きな影響を与えた。

図7：授業事例「足利義満と日明貿易」における問い／知識の構造
（筆者作成，構造が明確になるように表現を改めた）

授業を貫く問いを「WHAT（何か）」によって構成する

このように、授業事例「足利義満と日明貿易」の学習展開は、生徒たち自身が、日明貿易の意味や意義について追究していく「思考のプロセス」となっています。そして、その追究活動は、「日明貿易とは何か」という問いを中核に展開していきます。

「WHAT（何か）」という問いは、事象の解釈を求めるものであり、対象となる事象の意味や意義をつかむための問いであると言えます。そのため、授業は、根拠となる情報を収集し、事象の意味や意義を探っていく過程として組織されることになります。

Point

「事象の意味や意義」に迫る授業構成では……

- □ 子どもたち自身が事象のもつ**意味や意義（事象解釈）**について考える。
- □ **「思考のプロセス」**として教授・学習過程が展開する。
- □ 授業を貫く問いを**「WHAT（何か）」**によって構成する。

社会科授業構成の4タイプ

タイプ②

03 「事象の意味や意義」に迫る授業構成

【ステップ3】その特質と課題

事実と事実を関連づけて思考し、事象の意味や意義を理解する

授業事例「足利義満と日明貿易」に見られるタイプの授業は、事実と事実を関連付けて、子どもたち自身が、**事象の意味や意義を理解していく**ことをめざしています。

それでは、なぜこのような授業構成の考え方が成立するのでしょうか。そこには、どのような社会観や知識観が関係しているのでしょうか。このタイプの授業構成の考え方の基盤には、前節で検討した知識伝達に重きを置いた授業構成に見られたように、社会を人間の立場や視点とは関わりなく、客観的に理解することができるものとして捉えるのではなく、私たち自身も社会の中に取り込まれており、それぞれの立場や視点に基づいて、部分的に解釈し理解していくしかないという社会観が存在していると考えられます。このよう

な社会観について、社会学の研究者である筒井淳也氏は次のように述べています※1。

私たちが作った社会（箱）の外にいったん出て、その仕組みをつぶさに観察し、何らかの理論モデルを使ってその動きを完全に説明する、といったことはできません。私たちが社会について知るとは、（中略）暗い箱のなかを小さなライトで照らすようなものです。この暗い箱の中には、複雑に絡まりあった知識や仕組みが沈殿していると考えてください。

事象の意味や意義に迫る授業構成は、このような社会観を前提としているため、客観的に確定された「正しい知識」があり、それらを習得していくことで、誰もが社会を正しく認識していくことができるという知識観ではなく、私たちは、自らがライトを照らしながら（事実と事実を関連づけながら）、社

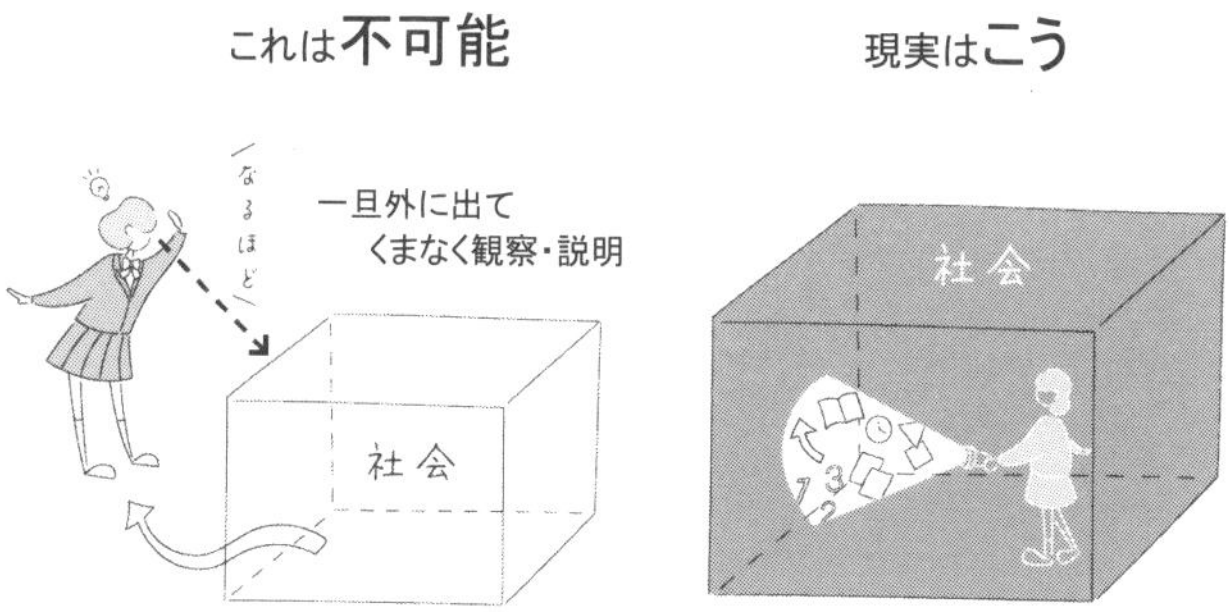

外から社会を眺める・社会の中でライトを照らしている
（筒井淳也『社会を知るためには』筑摩書房、2020年、p.43のイラストを参照作成）

会を部分的に理解していく（意味を探り、意義づけていく）しかないという知識観に基づいたものになります。

このような社会観や知識観に基づけば、社会の理解をより妥当で合理的なものにしていくために、諸学問（例えば、地理学・歴史学・政治学・経済学……等）は発展を続けており、社会の合理的な解釈を習得することで、私たちは社会をより良く理解することができると考えることができます。一方で、私たちは社会を完全に説明することはできないということを踏まえるならば、そうした解釈は、常に修正される可能性があり、「正しい知識」として暗記すべきものではありません。そのため、子どもたちの社会認識を形成する社会科授業は、子どもたち自身が事実と事実を関連づけて思考することで、そうした**学問的な解釈を習得していく過程**として組織されるわけです。

こうした学習は、学問的な知見を必要とするため、子どもたちだけの力で進めることは困難だと思われます。そのため、教師が、授業づくりに先立って、学問的な成果にアプローチ（＝**教材研究**）し、子どもたちをそうした成果に導く役割を果たします。そして、学問的な成果に根差した深い教材研究と、授業全体が子どもたちの「思考のプロセス」として展開するように構造化された問いを設定し、思考の根拠となる資料や史料を選定することが授業づくりの中核となります。そうすることによって、教師は、「正しい知識」の伝達者ではなく、子どもたち自身が社会をより良く理解していくための**ファシリテーター（促進者）**としての役割を果たすことになります。こうした授業構成は、事実的知識の暗記学習に留まりがちになることや、学校で社会科を学ぶ意義が実感しにくいといった、知識伝達に重きを置いた授業構成の解決につながるものです。

しかし、そこには課題はないのでしょうか。

なぜ地理や歴史を学ぶ必要があるのかという問いに答えることは難しい

知識伝達に重きを置いた授業においては事象についての事実的知識をできるだけたくさん満遍なく集積させていきますが、このタイプの授業においては、事実的知識に留まらず、それらの関係性、意味や意義を理解するための説明的知識までを習得させようとします。

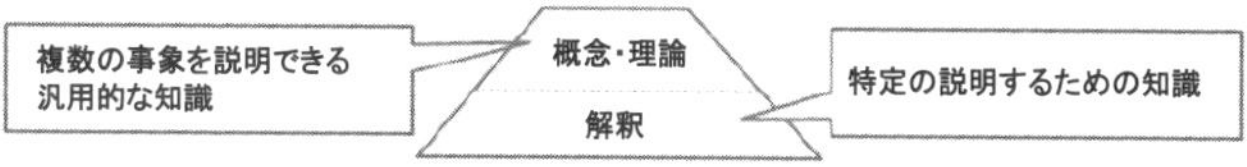

図８：説明的知識の構造
（社会科学力像のうち、説明的知識の部分を抽出して作成）

本書では、知識の質に着目した社会科学力像を用いていますが、説明的知識は、図8のように、**特定の事象を説明する「解釈」**と、複数の事象をできる**汎用性の高い「理論・概念」**とに分かれます。このタイプの授業では、複数の事象を説明する理論・概念を習得させる授業（次節で検討します）とは異なり、あくまでも学習対象とする特定事象の意味や意義を説明することがめざされています。つまり、説明的知識のうち、より個別性が強い「解釈」の部分を習得させるものになっています。そのため、地理や歴史の学習の場合、学習対象についての学問的な解釈を習得できるものになっている一方で、なぜその事象について学ばなければならないのかという点については、十分な回答を示すことができないという限界性があります。

　図9は、社会科各分野の主な学習対象を模式的に示したものですが、地理や歴史の場合、基本的には子どもたちが生活している「現在の」「此処の」社会ではなく、「過去の」「他所の」社会を学習します。そのため、地理や歴史に関わる学問的解釈であっても、それを学ぶ意義

公民	現在の此処の社会	現在の他所の社会	地理
歴史	過去の此処の社会	過去の他所の社会	

図9：社会科各分野における主な学習対象（筆者作成）

が見えにくいという課題が残されることになります。社会科は、社会研究（Social Studies）を主眼としますが、地理や歴史の場合は、学問的な視点に基づく研究であったとしても、それは子どもたちにとっては、間接的な社会研究となるわけです。

Point

- □「事象の意味や意義」に迫る社会科授業は、**説明的知識（解釈）までを習得させる**ものになる。（図10）
- □一方で、地理や歴史の場合、**なぜそれを学ぶのかが見えにくい**という課題がある。

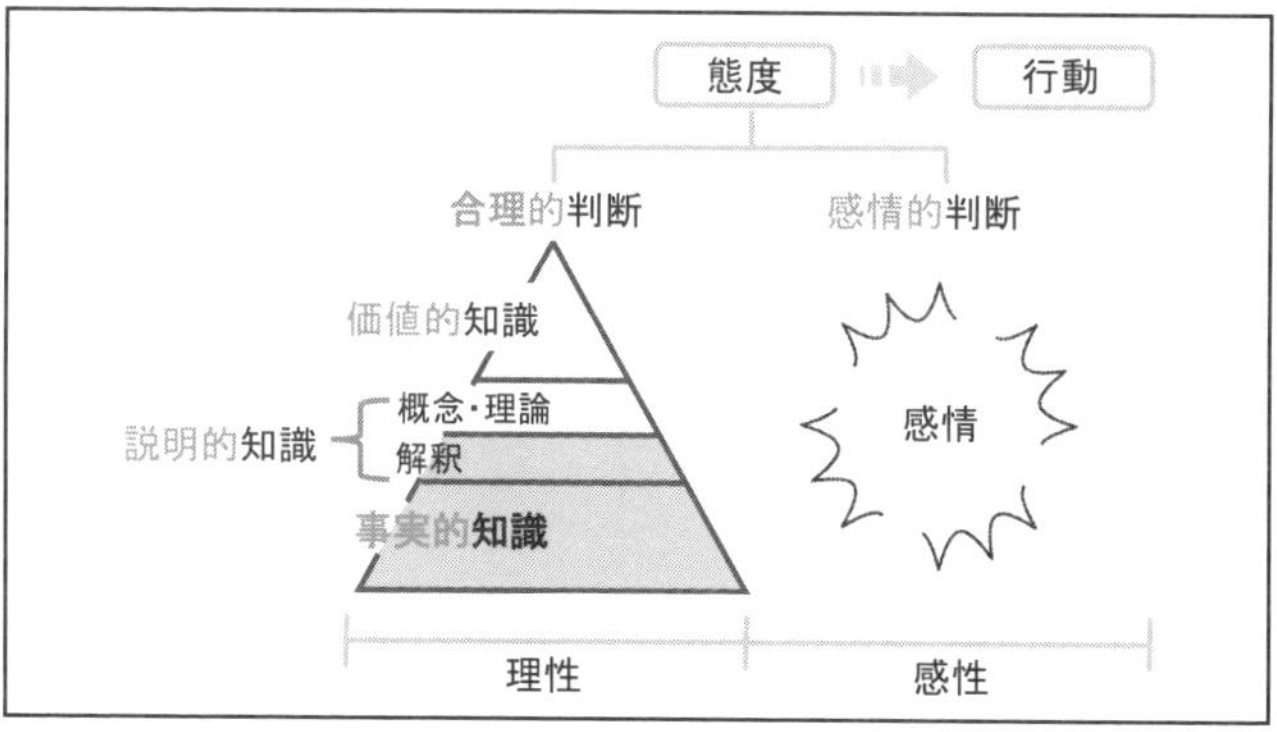

図10：社会科における学力像とこのタイプの授業の関わり方
（森分孝治「市民的資質育成における社会科教育－合理的意思決定－」『社会系教科教育学研究』第13号，2001年，を参照作成，網掛け部は，このタイプの授業が主として関わっている領域を示している）

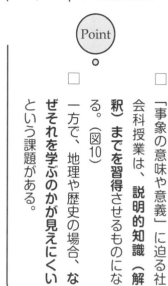

04 「事象の意味や意義」に迫る授業構成

ハマりやすいNGポイント&アップデートの新公式

NGポイント① ―深い教材研究によって授業内容が高度になり過ぎる―

「事象の意味や意義」に迫る授業を実践する上で、ハマりやすいNGポイントの1つは、学習対象に関する学問的解釈にアプローチするために深く教材研究を行うあまり、時として**授業内容が高度になってしまう**ことです。

例えば、授業事例「足利義満と日明貿易」は、日本史大系や新書レベルの文献を参照して筆者自身が作成したもので、歴史学的には概説的なものに留まったものになっています。しかし、日本中世史に対するより高い専門性を有した教師であれば、そのような一般書に留まらず、関連する学術論文や専門書を読み解き、より専門的な解釈を授業に取り込むことも可能です。このタイプの授業においては、社会科教師がもっている専門性を如何なく発揮することができますが、その一方で、子どもたちのもつ既有の知識とかけ離れた高度な授業が開発されることもあります。

NGポイント②　―事象解釈を静的なものとして教えてしまう―

また、学問の成果としての事象解釈は、研究の進展とともに変化するものです。例えば、日明貿易については、筆者が授業づくりを行った1990年代後半においては、政治的側面に着目し、明への朝貢がもたらす権威性にその意味を求めることが一般的でした。しかし近年ではそうした解釈は否定されつつあります。例えば、日本中世史の研究者である橋本雄氏は、義満が「日本国王」の称号を国内的には用いていなかったという事実や、明使の接見儀礼の詳細を分析することで、「こうした理解は、これまでの通説に含意されていたような義満の明やその皇帝の権威に対する心服、という見方に否応なく再考を迫る。少なくとも、素朴な『日明冊封関係の宣揚』という見方には再考のメスが入れられるべきであろう」と述べ※2、その政治的な意味を否定的に捉えています。

「社会」というものが、常に動き続けているものである以上、その合理的な解釈も常に刷新されていく可能性を有しています。こうした前提で授業づくりを行う必要がありますが、教材研究の成果としてつかんだ学問的解釈をそのまま子どもたちに伝達することで、事象解釈を**静的なもの**として教えてしまいがちになります。

アップデートをめざして　―事象解釈は変化することを認識させる―

このタイプの授業をアップデートする手立てとして、**1つの事象解釈を批判的に読み解く学習**が挙げられます。例えば、橋本雄氏は、貿易によってもたらされる経済的・文化的求心力に義満の権勢の源泉を認める「経済・貿易主目的論」を提唱していますが、なぜそのような解釈が成立するのかを考える学習を行うことで、1つの解釈を批判的に読み解くことができます。また、筆者が取り上げた解釈と橋本氏の解釈のように、同一の事象に対する**複数の解釈**を取り上げて、それぞれの妥当性を吟味する学習も考えられます[※3]

また、**事象解釈は変化する**ものであることを子どもたちに認識させることも大切です。例えば、Chapter1で取り上げた戦前の国史教科書では、足利義満は天皇や朝廷に対する姿勢から否定的な取り上げられ方をしています。今日の教科書と対比して、「同じ日本史の教科書なのに、なぜ人物（事象）の解釈が異なっているのか」といった問いについて考えることで事象解釈（評価）が変化することについて理解を深めることができます。

こうした手立てを取ることで、事象解釈を静的なものとして教えがちな授業をアップデートすることができます。その際には、授業内容が過多になったり、高度になり過ぎないことが大切です。

Point

□「事象の意味や意義」に迫る社会科授業は、**「授業内容が高度になり過ぎる」「事象解釈を静的なものとして教えてしまう」**といったＮＧポイントにハマりがちである。

□アップデートに向けて**「事象解釈は変化することを認識させる」**ことを意識したい。

註

1 筒井淳也『社会を知るためには』筑摩書房、２０２０年、p.42

2 橋本雄『ＮＨＫさかのぼり日本史 外交篇［７］室町 〝日本国王〟と勘合貿易 なぜ、足利将軍家は中華皇帝に「朝貢」したのか』ＮＨＫ出版、２０１３年、p.114

3 このような学習について詳しくは、児玉康弘『中等歴史教育内容開発研究―開かれた解釈学習―』風間書房、２００５年、参照。

アップデートの新公式
なぜ？どうして？

〝社会〟の変化で解釈も変化するよ！

なるほど！

「事象の意味・意義に迫る授業」

「事象解釈が変化することを認識」

「社会科を学ぶ意義が実感できる深い学び」

01 「概念や理論」の習得をめざす授業構成

【ステップ1】どのような授業か　授業事例③「工業立地の条件を考えよう」

前節において検討した「事象の意味や意義」に迫る授業構成には、地理や歴史の場合、子どもたちにとっては直接関係のない社会の学びであるため、なぜそれを学ぶのかが見えにくいという課題が残りました。こうした課題への1つの手立てとして、地理的・歴史的事象の理解を主眼とせず、それらを事例（手段）に子どもたち自身が社会を理解する際に用いる説明的知識、すなわち、**汎用性の高い「理論・概念」**（図8）の習得をめざす授業づくりが考えられます。ここでは、そうした考え方に基づいた授業構成のあり方としてについて考察していきます。次に示した授業事例（学習指導案）「工業立地の条件を考えよう」は、地理的分野における日本の産業を主題に、広島県の工業を事例に構成したものです。

授業の展開

導入部では、「工業は交通の便がよい海沿いに立地する」という小学校の学習内容に対し、それでは十分に説明することできない「なぜ内陸部の東広島市で工業が盛んなのか」という本時の学習課題を設定します。続く**展開部Ⅰ**では、東広島市にはトラック輸送中心の工業が立地しており、そこから陸上交通の発達を暫定的な結論とします。それに対し**展開部Ⅱ**では、陸上交通の面からも広島市の方が便利であることを確認した上で、なぜ新しい工場は広島市ではなく東広島市につくられているのかという問いを設定し、暫定的な結論にゆさぶりをかけます。その上で、東広島市に立地する「軽薄短小の工業」は、「重厚長大の工業」と比べ、輸送コストの割合が小さいため、土地代や人件費が安いところに立地することで全体のコストが低く抑えられることを導き出します。そして**終結部**では、工業はその種類に応じてコストを低く抑えられるところで盛んになることをまとめ、他の地域に適用することで、その有効性を確かめています。

Point

「事象の意味や意義」に迫る授業の課題の解決につながる授業構成として、**「概念や理論」の習得をめざす構成**が考えられる。

中学校社会科　地理的分野　学習指導案

1　主題　「工業立地の条件を考えよう」

2　目標　①　広島県の工業を事例に，②・③を理解することを通して，工業はその種類によって必要な立地条件が異なり，できるだけ生産のコストを低く抑えられるところに立地することを説明できるようにする。

②　鉄鋼業，化学工業等の重化学工業（＝「重厚長大の工業」）は，海上輸送で外国から原材料を輸入して工業製品をつくり，製品を国内や外国に輸送・輸出するため，輸送コストを低く抑えることができるところに立地する。

③　多くの小型・軽量の部品を集めて組み立てて，情報通信機械，電子部品などを作る機械工業（＝「軽薄短小の工業」）は，部品や製品の輸送は比較的容易であるため，土地代や人件費を低く抑えることができるところに立地する。

3　学習展開

	発問（指示・説明）	資料	生徒に身に付けさせたい知識
導入	・工業はどんなところで盛んになるのか。	①資料「日本の主な工業地域」	・海沿い。日本の工業が盛んな地域は「太平洋ベルト」と呼ばれる臨海部に集中している。
	・広島県内で工業が盛んなのはどこか。	②資料「広島県内上位４市の工業産出額」	・工業産出額の第１位は広島市，第２位は福山市，第３位は東広島市。 ・東広島市は，2003年に呉市を抜いて第３位になっており，比較的最近になって工業が発達している。
	・第１位の広島市の中で工場があるのはどのような地域か。	③地図「広島市」	・広島市で工業が盛んなのは臨海部。特に自動車メーカーである「マツダ」や三菱重工などの工場が大きな面積を占めている。
	・なぜ広島市の臨海部に工場が集まっているのか。	④資料「小学校の社会科教科書」	・原燃料や製品の輸送に便利だから。(交通の便が良いから)
	・一方で，東広島市の中で，工場があるのはどのような地域か。	⑤地図「東広島市」	・東広島市も海に面しているが，工業が盛んなのは西条や八本松周辺の内陸部。
	◎なぜ内陸部の東広島市で工業が盛んなのか。		

展開Ⅰ	・広島市と東広島市では，それぞれどのような工業が盛んか。	⑥資料「工業産出額の内訳」	・広島市では自動車を中心とする機械工業が盛んである。 ・東広島市ではPC部品や携帯電話などの情報通信機械工業が盛んである。
	・なぜ自動車などを生産する工業が広島市で盛んなのか。		・自動車は船での輸送が主である。 ・広島市には港湾が整備されている。
	・なぜ海上輸送が発達していると，自動車産業が発達するのか。	⑦写真「自動車運搬船」 ⑧資料「マツダの生産・販売状況」	・大量の原燃料や部品，製品等，大型のものを運ぶのに船が適している。 ・特に広島市にある「マツダ」の場合は，生産している自動車の多くを輸出しているため，港をつくることができる臨海部が立地にとって都合が良い。
	・なぜ電子部品や情報通信機械などを生産する工業が内陸部の東広島市で盛んなのか。	⑨写真「ICチップ」	・PC部品や携帯電話などの製品は主にトラックで輸送されるため，臨海部でなくても良い。
	・なぜ電子部品や情報通信機械などはトラックで運ばれているか。	⑤地図「東広島市」	・比較的小型であるため，トラックでも大量に輸送できる。 ・東広島市には，国道２号線や山陽自動車道のIC，JR山陽本線があり，陸上交通が発達している。 ・東広島市には広島空港もあり，トラックで空港まで運べば空輸も可能。
	○東広島市は交通の便が良いのか。		○東広島市は陸上交通が発達している。
	・一方で，国道や高速道路，JRや空港は，東広島市にしかないものか。	③地図「広島市」	・広島市にも国道，高速道路は通っており，貨物列車も停車するため，陸上交通では東広島市より便利。かつては空港もあり，港湾が整備されている。 ・交通網という点では，広島市の方が東広島市よりも発達している。
	○なぜ新しい工場は，広島市ではなく東広島市につくられているのか。	②資料「広島県内上位４市の工業産出額」	・交通の便に着目するだけでは説明できない。工業が発達する理由は交通網だけではなさそうだ。

展開Ⅱ	・工場を新しく作る際には，何が必要になるか。	⑩資料「バーチャル工場見学」	・資本，土地（工業用地），水（工業用水），人（労働力），原料・部品，燃料，電気，輸送手段（交通網），市場（買い手）などが必要である。
	・交通網以外の視点から，広島市と東広島市を比較すると，何がわかるか。	⑪資料「工業団地の分譲価格」 ⑫資料「人件費」	・東広島市の方が工業団地の分譲単価，賃料が安い。 ・人件費（各市市民の総個人所得を就業者数で割ったもの）を比較すると広島市よりも東広島市の方が安い（一般に，大都市圏よりも郊外の方が人件費は安い傾向がある）。
	・土地代や人件費が安い東広島市ではなく，なぜ「マツダ」のような自動車工業は広島市に工場をつくるのか。		・原燃料や製品が大型，大量，重量の場合（＝「重厚長大の工業」），船での輸送の方がコストを抑えられる。内陸部だとトラックへの積み替え作業が必要となる。
	・一方で，交通網が発達した広島市ではなく，なぜ情報通信機械などの工業は東広島市に工場をつくるのか。		・部品や製品が小型の場合（＝「軽薄短小の工業」），トラックでの輸送が主であるため，陸上交通の発達したところであれば，土地代や人件費が安いところの方がコストを抑えられる。
	○なぜ多くの新しい工場は，広島市ではなく東広島市につくられているのか。	⑤地図「東広島市」	○広島市と比べて土地代や人件費が安いため，陸上交通でも輸送可能な工業（船を利用しない工業）は，東広島市に工場をつくった方が，全体のコストを低く抑えることができる。
終結	◎なぜ内陸部の東広島で工業が盛んなのか。工業はどのようなところで盛んになるのか。		◎東広島市は「軽薄短小の工業」の立地に有利。工業はできるだけコストの低く抑えられるところで盛んになる。
	◎広島県内のそれぞれの都市によって，盛んな工業が異なるのはなぜか。		◎工業はできるだけコストが低く抑えられるところで盛んになるため，工業はその種類に応じて適した立地条件が異なる。
	・他の地域における工業立地を説明してみよう。		・授業で学んだ知識を活用して，例えば、三重県の臨海部に石油化学工業が発達している理由や高速道路の整備とともに東北地方に多くの工場がつくら

			れた理由について説明する。

参考資料　学習指導案「工業立地の条件を考えよう」

（徳本侑子「授業改善過程の実証的研究―社会科授業における指導と評価の一体化―」広島大学大学院教育学研究科修士論文，2007年，pp.102-133，で提示されている学習指導案を改訂して筆者作成。改訂に際しては，『小学社会　5年』日本文教出版，2021年，『中学社会 地理的分野』日本文教出版，2021年，及び，『中学社会 地理的分野 教師用指導書 学習指導編』日本文教出版，2021年，も参照した）

社会科授業構成の
4タイプ
タイプ③

02

「概念や理論」の習得をめざす授業構成

【ステップ2】なぜそのような授業なのか

〈授業構成の考え方〉

学習対象となる事象を事例に汎用性の高い説明的知識（概念・理論）を習得する

授業事例「工業立地の条件を考えよう」は次の3点を授業の目標としています。

①広島県の工業を事例に、②・③を理解することを通して、工業はその種類によって必要な立地条件が異なり、できるだけ生産のコストを低く抑えられるところに立地することを説明できるようにする。

②「重厚長大の工業」は、海上輸送で外国から原材料を輸入して工業製品をつくり、

製品を国内や外国に輸送・輸出するため、輸送コストを低く抑えることができるところに立地する。

③「軽薄短小の工業」は、部品や製品の輸送は比較的容易であるため、土地代や人件費を低く抑えることができるところに立地する。

特に地理や歴史の授業は、多くの場合、子どもたちにとっては直接関係のない社会の学びとなるため、学習の意義を実感しにくいという課題がありました。例えば、広島県以外に住む生徒たちが、広島県の工業について学ぶ意義がどこにあるのか、それを授業者として説明することができるかと問われて、皆さんならどのように答えるでしょうか。

授業の目標にも明示されているように、この授業において、広島県の工業は**「事例」**として機能しています。つまり、広島県の工業がどのようになっているかを理解することが目的なのではなく、広島県の工業についての学習を通じて、他の地域にも適用可能な、より汎用性の高い説明的知識（この場合は、一般に「工業立地論」と呼ばれる理論）の習得がめざされています。ここでは広島県が事例として取り上げられていますが、臨海部に「重厚長大の工業」が立地し、内陸には「軽薄短小の工業」が立地しており、それらを比較対照しやすいところがあれば、その他の地域を取り上げても全く問題はありません。また、終結部では、授業で習得した知識を活用して、生徒たち自身に、他の地域（ここでは三重県の臨海部や東北地方の内陸部）に見られる工業立地を説明してみることを求めています。そうすることによって、広島県以外の地域に住む生徒たちでもこの授業を学ぶ意義を感じることができるようになっています。

事象を説明できるようになっていく過程としての教授・学習過程

授業全体は、生徒たちが十分に説明することができない工業立地の事実を説明できるようになっていく過程として展開しています。

導入部において、小学校での学習内容を振り返り、「太平洋ベルト」に見られるように、工業は交通の便がよい海沿いに立地するという生徒たちの既有の知識を明確化します。小学校第5学年において日本の産業が学習されますが、工業立地の条件については、例えば教科書では、「太平洋側の海ぞいに工業のさかんな地域が多い」「原材料や燃料を船で運んでくるのに便利で、工場でできた製品を輸出しやすいから、工業がさかんなのだと思います」といった記述が見られます※1。また、「海ぞいだけでなく、内陸部にも工業のさかんな地域がある」といった記述もなされ、内陸部への工業立地についても触れられてはいますが、その理由については、「交通が便利なので、工業がさかんなのだと思います」といった記述としてまとめられています※2。つまり、小学校での学習は、交通の便に着目して工業立地を説明するところに特徴があると言えます。

この授業では、「なぜ内陸部の東広島市で工業が盛んなのか」という学習課題に対して、展開部Ⅰにおいては、そうした既有の知識を踏まえて、陸上交通が発達していること、トラック輸送が中心の工業が立地していることなど、交通を視点に東広島市への工業立地を説明しようとしています。しかし、展開部Ⅱにおいて、広島県内で最も工業が発達している広島市を取り上げ、交通の視点からも東広島市以上に便利であるという事実を提示することで、小学校での学習を踏まえた既有の知識に基づく結論に対して**ゆさぶり**をかけています。

その後、広島市と東広島市について、交通以外の視点からもその特徴を明らかにし、土地代や人件費など、工業生産のコスト全体に目を広げています。

その上でそれぞれに立地している工業の種類、すなわち、「重厚長大の工業」と「軽薄短小の工業」のそれぞれで重視するコストに着目し、「軽薄短小の工業」は、輸送のコストが比較的小さいため、土地代や人件費の面でより有利な東広島市に立地していることを導き出します。そして、広島市と東広島市における工業立地を踏まえ、「工業はその種類に応じて、生産のコストを低く抑えることができるところに立地する」という**説明的知識（理論）**を習得できるようになっています。

具体的には、図11のような「思考のプロセス」として展開していると言えます。

MQ：なぜ内陸部の東広島市で工業が盛んなのか。
（工業はどんなところで盛んになるか）
SQ1：東広島市は交通の便が良いか。
∟SA1：東広島市では陸上交通が発達している。
SQ2：広島市の方が交通網は発達しているのに，なぜ新しい工場は東広島市につくられているのか。
∟SA2：東広島市に立地している「軽薄短小の工業」は輸送コストが小さいため，土地代や人件費がより安い地域の方が生産のコストを低く抑えることができる。
↓
MA：工業は種類に応じてコストをできるだけ低く抑えられるところに立地する。⇒他地域に適応してみる。

図11：授業事例「工業立地の条件を考えよう」における問い／知識の構造
（筆者作成，構造が明確になるように表現を改めた）

授業を貫く問いを「ＷＨＹ（なぜ）」によって構成する

授業事例「工業立地の条件を考えよう」の学習展開は、「なぜ内陸部の東広島市で工業が盛んなのか」という問いを中核に展開していきます。

「ＷＨＹ（なぜ）」という問いは、事象の説明を求める問いであると言えます。「東広島市は内陸部にある」という事実と「東広島市は工業が盛んである」という事実を結び付けて、その因果関係を推論することを通じて、「工業は種類に応じてコストをできるだけ低く抑えられるところに立地する」という汎用性の高い説明的知識を導き出しています。

Point

概論や理論の習得をめざす授業構成では……

- □ 学習対象となる事象を事例に**汎用性の高い説明的知識**を習得する。
- □ 事象を説明できるようになっていく過程として教授・学習過程が展開する。
- □ 授業を貫く問いを**「ＷＨＹ（なぜ）」**によって構成する。

03

「概念や理論」の習得をめざす授業構成

【ステップ3】その特質と課題

子どもたち自身が社会を理解できるようにする

授業事例「工業立地の条件を考えよう」に見られるタイプの授業は、事象の本質や事象間の関係性を読み解くために必要となる知識、すなわち、汎用性の高い説明的知識（概念や理論）を習得することで、子どもたち自身が社会を理解し、**なぜそうなっているのかを説明できるようになる**ことをめざしています。

それでは、なぜこのような授業構成の考え方が成立するのでしょうか。そこには、どのような社会観や知識観が関係しているのでしょうか。このタイプの授業構成の考え方の基盤には、前節で検討した事象の意味や意義に迫る授業構成に見られたように、社会を人間の立場や視点とは関わりなく、客観的に理解することができるものとして捉えるのではなく、私たち自身も社会の中に取り込まれており、それぞれの立場や視点に基づいて、部分的に解釈し理解していくしかないという社会観が存在していると考えられます。

このような社会観に基づいて、筒井淳也氏は、「社会を理解する」ということについて、「暗い箱のなかを小さなライトで照らすようなもの」と述べていました※3。このようなイメージ通り、前節で検討した事象の意味や意義に迫る授業構成においては、事実と事実を関連づけながら、社会を部分的に理解していくことをめざしていました。そのため、より妥当で合理的な理解のために、諸学問の成果に基づいた学問的解釈を授業で取り扱い、子どもたちがそうした解釈を納得して習得できるような構成になっていました。

それに対して、このタイプの授業構成においては、社会を理解していくこと自体を重視するのではなく、そのため

の手立てとなる「ライト」を子どもたち自身が手に入れることを重視します。授業で扱う内容を「手段（事例）」として、汎用性の高い説明的知識を習得することで、子どもたち自身が事象の本質や事象間の関係性を読み解いていく際に**活用できるようになる**ことをめざしています。

社会を知ることでより良く生きる

私たちが生活している社会はとても複雑なものです。社会は私たちの目には見えないシステムや構造によって成り立っています。そして、そうした社会のシステムや構造は、時に私たちにとって冷徹なものであったりします。どんなに一生懸命に努力して働いていたとしても、景気動向次第では職を失ってしまうことはあり得ますし、がんばってつくった商品がいつも売れるとは限りません。しかし、こうした社会のシステムや構造をしっかりと理解することで、それらに対する対処の方途を考えることができます。「正しい知識」として社会のあり様を受容していくのではなく、汎用性の高い説明的知識を自在に活用して事象の本質や事象間の関係性を読み解いていくことで、見えないところで私たちの生活を規定している**社会のシステムや構造**を理解することができ、それに対して自ら判断し、より良い方向性を考えていくことができるようになるのではないでしょうか。

社会科は子どもたちと社会とを関わらせる教科ですが、その関わり方には2つの方向性があります※4。1つは既存の社会の要求に対して子どもたちを合致させるものであり、もう1つは社会の要求に対して、子どもたちが無批判に従うのではなく、時にそれを疑い、問題があればそれを正していけるようにするものです。前者は**「社会化（Socialization）」**と呼ばれています。公教育である以上、学校教育の主目的が「社会化」にあることは間違いありません。しかし、Chapter1でも触れましたが、戦前日本のように、既存の社会からの要求が、私たちを不幸にしてしまうことも十分にあり得ます。そのように考えるならば、学校教育において、時に既存の社会を疑い、そのあり方を正していけるような批判的な力もまた、育成していく必要があります。子どもたちに、そうした「対抗社会化」の力を育成する教科は、戦前教育の反省の上に立ち、民主主義を基盤に成立した「社会科」において他にはありません。

社会科授業を通して、子どもたち自身が社会を理解していくための手立てを得ることは、こうした「対抗社会化」の力を育成することに他なりません。概念や理論の習得をめざす授業構成は、社会科に期待される教育的役割を果たすものになっていると考えます。

習得した概念や理論の有用性については不透明

一方で、社会科授業を通じて獲得した説明的知識（概念や理論）は、子どもたちが真に欲したものというよりは、授業で取り上げられた事象を通して抽出することができるものであると言えます。そのため、例えば授業事例「工業立地の条件を考えよう」において習得された工業立地に関する説明的知識が、子どもたちが社会生活を送る上で、**すぐに有用なものであるか否か**という点については不透明です。

子どもたちにとって、真に意義深いのは、今まさに子どもたちが直面している社会の状況を読み解いていくような学びや、これからの社会のあり様を考えるような学びであると考えられます。それに対して、子どもたちにとって間接的な社会の学びとなる地理や歴史についても、それらを現代社会の事象を読み解いていくためのアプローチ方法として位置づけた学習を構想することも可能ですが※5、現行の学習指導要領のように、地理・歴史・公民という分野別の内容編成に基づいた授業づくりが求められるような場合には、地理や歴史もそれ自体として扱わざるを得ませんので、そこから抽出できる説明的知識は、授業で取り上げられる**事象に規定されてしまう**ことになります。例えば、古代の律令国家に関する学習を通じて、「中央集権国家」という概念を習得したとしても、それが現代社会を理解する際に直ちに有意味なものであるかについては不透明であると言わざるを得ません。

Point

□「概念や理論」の習得をめざす社会科授業は、**説明的知識までを習得**させるものになる。（図12）

□一方で、習得される説明的知識の**有用性については不透明**である。

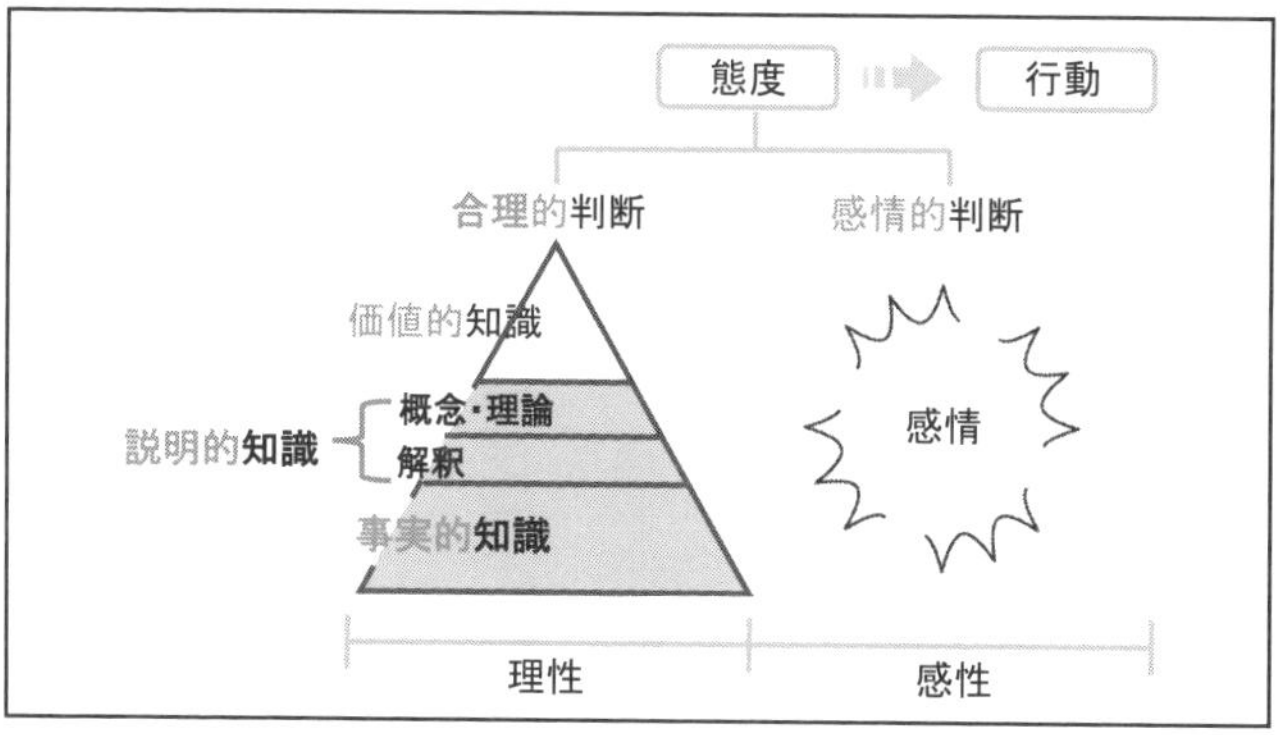

図12：社会科における学力像とこのタイプの授業の関わり方
（森分孝治「市民的資質育成における社会科教育－合理的意思決定－」『社会系教科教育学研究』第13号，2001年，を参照作成，網掛け部は，このタイプの授業が主として関わっている領域を示している）

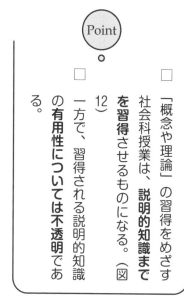

社会科授業構成の4タイプ

タイプ③

04

「概念や理論」の習得をめざす授業構成

ハマりやすいNGポイント&アップデートの新公式

NGポイント① ―説明的知識それ自体を知識として教えてしまう―

このタイプの授業で習得をめざす説明的知識（概念や理論）は、抽象度が高く、単に知識として教えるだけでは、子どもたち自身が活用できるものとして習得することは難しいでしょう。それらの知識の有効性を子どもたちが確かめ、活用していくことが重要です。そのためには、学習内容となる説明的知識が適応可能な、つまりその知識を活用することでなぜそうなるのかが説明可能な、具体性のある**「典型的事例」**を取り上げることが求められます。例えば、授業事例「工業立地の条件を考えよう」においては、臨海部への立地の事例として広島市が、内陸部への立地の事例として東広島市が取り上げられています。

説明的知識を活用できるものとして習得するためには具体的な事例を通じて「なぜ」とい

う問いを解明していくプロセスとして授業を構成することが大切ですが、説明的知識の習得を重視するあまり、それを単に**知識として提示するだけ**の授業になる可能性があります。

NGポイント②　―説明的知識の限界性が意識されない―

また、社会には説明的知識を用いても、十分に説明しきれない側面があります。例えば、工業立地については、原料指向、市場指向、労働力指向といった経済的立地因子だけではなく、多くの立地因子が立地決定に複雑に働いており、最終的には経営者の意識や性格といった主観的な要素も影響することや、企業の成長過程で重視される立地因子が変化していくこと等が指摘されています※6。こうした限界性を意識しないままに、教師が抽出した説明的知識を**万能なもの**として提示してしまう可能性があります。

アップデートをめざして　―例外的事例を取り上げる―

このタイプの授業をアップデートする手立てとして、習得した説明的知識では説明ができない**「例外的事例」**を取り上げて、さらなる思考を促す学習が考えられます。

説明的知識は、対象となる社会自体が変容し続けているため、常により説明力の高いものへと修正していく必要があります。そのためには、習得した説明的知識では十分に説明することができない、例外的事例を提示することが有効な手立てとなります。

例えば、重厚長大な製品を中心とした高度経済成長期の工業立地は、太平洋ベルト地帯に見られたように、輸送コストを低く抑えることができる沿岸部が中心でしたが、ＰＣ等の普及とともに軽薄短小な製品の生産が盛んになると、輸送コスト以上に人件費や土地代等を低く抑えることができる内陸部にも工場が立地するようになりました。太平洋ベルト地帯を典型的事例に工業立地論を習得した後、内陸部への工場の立地事例を例外的事例として取り上げて、「輸送コストが高くなるにも関わらず、内陸部に工場が立地しているのはなぜか」と問うことで、既に習得した説明的知識を修正することができます。授業事例「工業立地の条件を考えよう」もこのような考え方に基づいて構成されています。また、例えば、経済的な要因ではなく、創業の地にこだわった生産立地を採っている企業を取り上げることで、習得した説明的知識の限界性についても認識することができます。

こうした例外的事例に基づいて思考することで、説明的知識は可変的なものであり、より妥当で合理的なものを**「探求」**し続けていく必要があること、またそれらの知識には限界性があることを認識することができます。こうした手立てにより、説明的知識を提示するだけの授業をアップデートできます。

Point

- □「概念や理論」の習得をめざす社会科授業は、**「説明的知識を知識として教えてしまう」「説明的知識の限界性が意識されない」**といったNGポイントにハマりがちである。
- □アップデートに向けて**「例外的事例を取り上げる」**ことを意識したい。

註

1、2『新しい社会　5年下』東京書籍、2021年、p.9

3　筒井淳也『社会を知るためには』筑摩書房、2020年、p.42

4　棚橋健治『社会科の授業診断　よい授業に潜む危うさ診断』明治図書、2007年、p.92

5　このような歴史学習については、拙稿「中学校学習指導要領における二つの歴史教育論―1951年版と1958年版の比較分析―」全国社会科教育学会編『社会科教育論叢』第49号、2015年、で詳述した。

6　藤本芳張（義治）「機械工業における企業成長と立地」『大阪経大論集』第54巻第4号、2003年

「『概念や理論』の習得をめざす授業」×「例外の提示」＝「汎用性の高い学び」

社会科授業構成の4タイプ

タイプ④

01 子どもたちに「価値判断」を求める授業構成

【ステップ1】どのような授業か　授業事例④「子どもの臓器移植問題について考えよう」

前節で検討した「概念や理論」の習得をめざす授業構成、とりわけ地理や歴史の場合には、習得される説明的知識の有用性について課題が残りました。このような課題の解決につなげるためには、「現在の」「此処の」社会を読み解き、これからのあり様を考える学びが必要となります。ここではそうした考えに基づいて、現代社会における論争問題について、子どもたちに**「価値判断」**を求める授業構成のあり方について考察していきます。

次に示した授業事例（学習指導案）「子どもの臓器移植問題について考えよう」は、公民的分野における現代社会の諸課題を主題に構成したものです。まずはこれに基づいて、このタイプの授業がどのような授業なのかを確認しましょう。

中学校社会科　公民的分野　学習指導案

1　主題 「子どもの臓器移植問題について考えよう」

2　目標 ① 「子どもの臓器移植問題」は，日本において，15歳未満の脳死後の臓器提供が認められていなかったことに対して，肯定的見解と否定的見解とが対立することで生じた社会的な論争問題であることを理解する。
② 「子どもの臓器移植問題」は，外国と日本，大人と子どもとの間で，「人の死」の意味（脳死の捉え方）が異なっていることに起因していることを理解する。
③ 「子どもの臓器移植問題」に対する肯定的見解は，外国と日本，大人と子どもとの間で「人の死」の意味が異なることの問題性を根拠にしていること，否定的見解は，子どもの脳死判定の困難さ，本人の意思が確認できないまま臓器を取り出すことの問題性を根拠にしていることを理解する。
④ 社会的な論争問題である「子どもの臓器移植問題」に対して，①②③を踏まえた上で，自らの見解を構築する。

3　学習展開

	発問（指示・説明）	資料	生徒に身に付けさせたい知識
導入	・日本では1997年に「臓器移植法」が施行され，臓器移植が行われているが，同法の施行当初は，15歳未満の子どもは対象となっていなかった。このことによってどんなことが起きていたか。	①資料「有村勇貴くん」	・重い心臓病により移植でしか助からないと診断された有村勇貴くん（当時3才）の両親の知人らが「勇貴くんを救う会」を設立し，募金によって，子どもの臓器移植が認められているアメリカに渡って移植の機会を待っていたが，ドナーが現れず，1999年に亡くなってしまった。
	・その後，日本では，子どもの臓器移植についてどのように扱われることになったか。	②資料「改正臓器移植法」	・2010年に「改正臓器移植法」が施行され，本人の意思が不明な場合にも，家族の承諾があれば脳死下の臓器提供ができることになり，15歳未満でも脳死下の臓器提供が可能となった。
	○「子どもの臓器移植問題」とはどのような問題か。		・外国では認められている子どもの臓器移植について，日本でも認めるべきではないかという主張がなされ，それに対する肯定的見解と否定的見解が対立して，社会的な論争問題となっていた。
	◎「子どもの臓器移植問題」について、あなた自身はどうすべきと考えるか。		
	・まずは日本における臓器移植の	③資料	・1960年代，諸外国で移植医療が行

	歩みを確認しよう。	「臓器移植法の成立過程」	われ始め，日本でも移植医療がスタートした。世界初の心臓移植の翌年に日本でも初めての心臓移植が行われた。 ・1980年には，心臓が停止した死後の角膜と腎臓の提供を可能とする「角膜と腎臓の移植に関する法律」が施行されたが，他国において腎臓以外の臓器不全の患者を対象に移植医療が進められている状況を受けて，1997年10月16日に、脳死下の臓器提供を可能にする「臓器の移植に関する法律（臓器移植法)」が施行された。
展開I	・臓器移植が技術的に可能になったのはなぜか。	④資料「臓器移植とは」	・人工呼吸器の登場により，脳が機能を停止した後，心停止に至るまでの時間的間隔を広げることができるようになった。このタイムラグを利用して，臓器を取り出し，必要とする患者に対して移植することが可能になった。
	・「脳死」とは何か。	⑤資料「脳死の定義」	・脳幹を含む，脳全体の機能が不可逆的に失われた状態を「脳死」と呼び，世界のほとんどの国で「脳死は人の死」とされている。日本では臓器提供の前提とする場合に限って，「人の死」として認められた。 ・脳死は，人の手によって生み出された概念であり，その定義はこれからも変わり得るものである。
	○「子どもの臓器移植問題」はなぜ生じたのか。		○臓器移植法成立以前には，外国と日本，大人と子どもの間で，「人の死」の意味（脳死の捉え方）が異なっていた。
	○子どもの臓器移植に対する肯定的見解を知ろう。なぜ子どもの臓器移植を認めるべきであると主張するのか。	⑥資料「海外での移植を待つ親子」	・海外では認められているのに，日本で認められていないのはおかしい。 ・日本でも認めることで，多くの子どもたちの命が救える。
	・肯定的見解の根拠は何か。		・国や年齢によって「人の死」の意味が違っているのはおかしい。
	・肯定的見解に基づけば，どのよ		・多くの子どもたちが救われる一方で

	うな結果が予想されるか。		その半面，子どもの脳死の判定は，大人以上に難しいので，回復の可能性があるにも関わらず，臓器を取り出してしまうこともあり得る。
展開Ⅱ	○子どもの臓器移植に対する否定的見解を知ろう。なぜ子どもの臓器移植を認めるべきではないと主張するのか。	⑦資料「脳死状態にある子どもの世話を続ける親」	・子どもの脳には未知の部分が多く，大人と同じように脳死の判定はできない。 ・自分の意思を表明できない年齢の子どもの場合，親の承諾だけで臓器を取り出すことは，必ずしもその子の意思を反映したものではない。 ・仮に子どもの意思決定を認めたとしても，そうした能力があるかどうかは疑わしい。
	・否定的見解の根拠は何か。		・大人が子どもの死を決定するような状況を生み出すことになる。そもそも「人の死」の概念があいまいなまま移植を認めるべきではない。
	・否定的見解に基づけば，どのような結果が予想されるか。		・社会のコンセンサスが得られないまま，あいまいに「人の死」の概念を広げることは防げるが，その反面，ますます多くの子どもたちが海外での移植を待つことになり，それだけ命の危険にさらされる。また，移植を行う国で日本人に対する批判が起こる可能性もある。
	・2010年に臓器移植法は改正されたが，どのような内容か。	⑨資料「臓器提供意思表示カード」	・それまでの臓器移植法は「本人が生前に書面で提供の意思表示をすること」が大前提であり，遺書が有効とされる民法の規定を参考に，15歳以上の意思表示が有効とされてきた。しかし「改正臓器移植法」では，本人の同意が書面で残されていなくても家族の承諾で臓器提供が可能になった。同時に脳波検査が可能な生後12週以降であれば，子どもであっても家族の承諾だけで臓器提供ができるようになった。 ・ただし子ども特有のルールとして，虐待をしたような親には子の臓器提供を決める権利（代諾権）は無いとの理由から，「虐待を受けていた子は除外」

終結			という規定が設けられている。 ・同時に，運転免許証や一部の健康保険証にも，臓器提供の意思表示欄が設けられ，可能な限り自己決定権が尊重されるようになっている。
	・改正臓器移植法が施行されて，子どもの臓器移植はどのような状況になっているか。	⑩資料「改正臓器移植法に基づく子どもからの臓器提供」	・家族の承諾だけで臓器提供が可能になったため，脳死下の提供件数が増えており，15歳未満の子どもからの脳死下の臓器提供も少しずつ増えている。 ・その一方で，子どもの場合は，脳死の判定をより慎重に進める必要があり，家族のフォローも必要となる。虐待の可能性も排除する必要があり，子どもの臓器移植の件数が大幅に増えているわけではない。
	◎「子どもの臓器移植問題」について，あなた自身はどうすべきと考えるか。		◎肯定的見解と否定的見解，改正臓器移植法の内容やその後の動向を踏まえて，自らの立場を決定する。

参考資料　学習指導案「子どもの臓器問題について考えよう」

（角田将士・片上宗二・平田浩一「WIE（Web-page in Education）教材の構想と開発―子どもの臓器移植問題を事例として―」広島大学大学院教育学研究科附属教育実践総合センター編『学校教育実践学研究』第11号，2005年，pp.193-202，で提示した授業プランを改訂して筆者作成。改訂に際しては，『中学社会 公民的分野』日本文教出版，2021年，及び，『中学社会 公民的分野 教師用指導書 学習指導編』日本文教出版，2021年，も参照した）

授業の展開

導入部では、「子どもの臓器移植問題」が、日本では15歳未満の子どもの臓器移植が認められていなかったことに関する論争問題であることを確認し、この問題に対して、「あなた自身はどうあるべきだと考えるか」という本時の学習課題を設定します。

展開部Ⅰでは、臓器移植の歩みや「脳死」の定義を確認し、この問題が、外国と日本、大人と子どもの間で「人の死」の意味（脳死の捉え方）が異なることに起因することを導き出します。続く**展開部Ⅱ**では、この問題に対する対立する主張について考察します。

終結部では、こうした議論を経て、子どもの臓器移植を可能にする改正臓器移植法が２０１０年に施行されたことを踏まえて、この問題に対する自分自身の見解を表現します。

Point

「概念や理論」の習得をめざす授業の課題の解決につながる授業構成として、**子どもたちに「価値判断」を求める構成**が考えられる。

02 子どもたちに「価値判断」を求める授業構成

【ステップ2】なぜそのような授業なのか

〈授業構成の考え方〉

社会的な論争問題（Social issues）に対して価値判断を下す

授業事例「子どもの臓器移植問題について考えよう」は、次の４点を授業の目標としています。

① 「子どもの臓器移植問題」は、日本において、15歳未満の脳死後の臓器提供が認められていなかったことに対して、肯定的見解と否定的見解とが対立することで生じた社会的な論争問題であることを理解する。
② 「子どもの臓器移植問題」は、外国と日本、大人と子どもとの間で、「人の死」の意味（脳死の捉え方）が異なっていることに起因していることを理解する。

③ 「子どもの臓器移植問題」に対する肯定的見解は、外国と日本、大人と子どもとの間で「人の死」の意味が異なることとの問題性を根拠にしていること、否定的見解は、子どもの脳死判定の困難さ、本人の意思が確認できないまま臓器を取り出すことの問題性を根拠にしていることを理解する。
④ 社会的な論争問題である「子どもの臓器移植問題」に対して、①②③を踏まえた上で、自らの見解を構築する。

このうち、④に明示されているように、「子どもの臓器移植問題」に対して、どうあるべきか、生徒たち自身が価値判断を下すことが求められています。ここで取り上げられている「子どもの臓器移植問題」は、異なる主張同士が葛藤状態にあり、簡単に結論を見出すことが難しい**「社会的な論争問題（Social issues）」**です。こうした論争問題は、一旦は合意を形成し、結論を見出したとしても、内包されている葛藤状態は容易には解消されないため、その結論は暫定的なものとなります。そういう意味で、こうした論争問題は、永続性のある問題であるとも言えます。

「子どもの臓器移植問題」は、「人の死」の意味（脳死の捉え方）が、国や年齢によって異なることに起因した問題でした。脳死の判定に際して、子どもの脳を大人と同等に扱うことの是非、意思表示ができない年齢の子どもの臓器提供を家族の承諾のみで決めることの是非などをめぐって、賛否それぞれの意見が出されました。こうした議論を踏まえ、2010年に改正臓器移植法が施行され、日本においても、家族の承諾のみで臓器提供が可能になり、15歳未満の臓器提供も認められることになりました。こうして問題の解決が図られたものの、本人の「自己決定権」が侵害されているという観点から、現在でも法の見直しを求める意見もあります。このように、科学技術の発展に対応して人権保障のあり方も変化しており、こうした永続性のある問題については、今後も議論を深めていく必要があります。そして、そうした議論の基盤になるのが、社会の形成者である私たち自身の価値判断です。

このタイプの授業において、子どもたちは、社会的な論争問題について**価値判断**を下し、自らの立場を決断していきます。つまり、社会の形成者に必要とされる思考力や判断力を身に付けていくことが求められており、それだけ意義深い授業になっていると言えます。

段階性のある問いに基づいた教授・学習過程

しかし、対立する主張が葛藤状態にある社会的な論争問題について、価値判断を下し、自らの立場を決断していくことは容易ではありません。もちろん、感情に基づいて直感的に判断することは簡単ですが、社会科授業において求められるのは、それらの問題についての深い理解に基づいて、様々な主張について十分にその是非を検討した上で判断できるようにすることです。そのため、子どもたちに価値判断を求める授業においては、判断を下すこと以上に、そこに至るまでの過程が重要となります。

授業事例「子どもの臓器移植問題について考えよう」においては、図13に示されるように、どのような問題か、なぜ生じたのか、（その問題について）どのような主張が対立しているか、それぞれ何を根拠に主張がなされているか、そして実際にはどのような結論になったかといった問いに基づいて、「子どもの臓器移植問題」に対する理解を深めた上で、どうすべきだと考えるかという問いに基づいて自分自身の価値判断を下すことができるようになっています。問題に対する価値判断を安直に求めるのではなく、**段階性のある問い**に基づいて、問題自体についての理解を深めていけるような展開になっています。

MQ：「子どもの臓器移植問題」についてどうすべきと考えるか。

SQ1：どのような問題か。

∟SA1：日本で認められていないことに対する肯定的・否定的見解が対立する社会的な論争問題である。

SQ2：なぜ生じたのか。

∟SA2：外国と日本，大人と子どもで「人の死」の意味（脳死の捉え方）が異なることに起因する問題である。

SQ3：どのような主張が対立しているか。それぞれ何を根拠にして主張がなされているか。

∟SA3：子どもの脳死を大人と同じように扱うことの是非，意思表示ができない子どもの臓器提供を家族の承諾のみで決めてしまうことの是非などについて，賛否が対立している。

SQ4：実際にはどのような結論になったか。

∟SA4：臓器移植法が改正され，本人の意思表示がなくても，家族の承諾で臓器の提供が可能になった。

↓

MA：（例）私は「子どもの臓器移植」に反対である。なぜなら，家族の承諾のみで移植が行われるということは，本人の自己決定権を侵害することになり，甚大な人権侵害だと考えるからである。

図13：授業事例「子どもの臓器移植問題について考えよう」における問い／知識の構造（筆者作成，構造が明確になるように表現を改めた）

授業を貫く問いを「SHOULD（どうすべきか）」によって構成する

授業事例「子どもの臓器移植問題について考えよう」の学習展開は、「あなた自身はどうすべきと考えるか」という問いに基づいて、問題に対する自らの見解を構築することをめざすものになっており、子どもたちの価値観形成に関わっています。

「SHOULD（どうすべきか）」という問いは、事象に対する価値判断を求める問いです。それは、NGパターンとして取り上げたように、教師によってあらかじめ方向づけられたものではなく、判断の是非については子どもたちに委ねられています。つまり、このタイプの授業は、開かれた形での価値観形成を支援するものになっていると言えます。

Point

子どもたちに「価値判断」を求める授業構成では……

- □ 社会的な論争問題が取り上げられる。
- □ **段階性のある問い**に基づいて教授・学習過程が展開する。
- □ 授業を貫く問いを「SHOULD（どうすべきか）」によって構成する。

社会科授業構成の4タイプ

タイプ④

03

子どもたちに「価値判断」を求める授業構成

【ステップ3】その特質と課題

現実社会に対応した社会科授業となる

授業事例「子どもの臓器移植問題について考えよう」に見られるタイプの授業は、社会的な論争問題を取り上げて、子どもたちが、問題について深く理解した上で、**価値判断を下すことができるようになる**ことをめざしています。

それでは、なぜこのような授業構成の考え方が成立するのでしょうか。そこには、どのような社会観や知識観が関係しているのでしょうか。これまで検討してきた、事象の意味や意義に迫る授業構成や概念や理論の習得をめざす授業構成では、私たち自身も社会の中に取り込まれており、それぞれの立場や視点に基づいて、部分的に解釈し理解していくしかないという社会観に基づいていることを確認しました。価値判断を求めるタイプの授業構成の考え方でも、同じような社会観を基盤としています。その上で、社会が向かうべき方向性についても、唯一解は存在しないため、社会の形成者である私たちは、社会の現状を深く理解した上で、これから向かうべき方向性について慎重に判断を下していく必要があると考えられています。そのため、このタイプの授業では、社会の中で鋭く主張が対立している（そのためどのように対処すべきかが不透明な）論争問題を取り上げ、問題についての深い理解と、それに基づいた価値判断を求める構成になっています。

こうした社会科授業のあり方は、**現実の社会に対応した**意義深いものであると言えます。2015年に公職選挙法が改正されて、満18歳以上の者が選挙に参加できるようになりました。また、自治体によっては、より年齢の低い子どもたちが、住民投票に参加しているケースも見られます。例えば、2003年に、北海道空知郡の奈井江町で、周辺市町との合併の是非を問う住民投票を実施されましたが、その際、18歳以上の町民を対象とするとともに、小学5年生以上を対象とする「子ども投票」も実施され、参考にされました。こ

うした動きの背景には、「社会に参画する権利は子どもにもある」との趣旨に基づいて奈井江町で制定された「子どもの権利に関する条例」があります。この条例の趣旨に基づいて、奈井江町では、投票までの期間に、合併に関する手づくりの情報誌を8号まで作成し全戸配布するとともに、子ども向けのパンフレットも作成しています。こうした取り組みもあって、住民投票の投票率は73％、子ども投票の投票率は87％となりました[※1]。当時の奈井江町長であった北良治氏は、「正確な情報をどうやって子どもにわかりやすく伝えるか。職員も猛勉強した。私も説明に町中歩いて、ズボンが2着すりきれました」と述べています[※2]。公職選挙法の改正を受けて、学校教育には、子どもたちの政治的な素養を高めていくことに対して、より直接的に関わっていくことが求められています。北氏が提起した課題は、**今や学校教育全体に課せられた課題**であるとも言えます。

それでは、奈井江町において北氏や町役場の職員たちが果たした役割を誰が担えば良いのでしょうか。学校教育において、そうした役割を果たし得るのは、社会科教師をおいて他には考えられないのではないでしょうか。そういう意味で、現代社会において社会科教師に寄せられる期待は大きいと言えます。それに対して、子どもたちに価値判断を求める授業構成は、社会科に寄せられる期待を十分に果たし得るものになっていると言えます。

社会科学力への関わりが最も大きい

またこのタイプの授業は、習得される知識の質に着目すると、前節までに検討してきたタイプの授業と比べて、**社会科で育成すべき学力への関わりが最も大きい**と言えます。

対象となる社会的な論争問題について、まずはそれがどのような問題かについて検討することで、その問題に関する事実的知識が習得されることになります（例えば「１９９７年に施行された臓器移植法では15歳未満の子ども臓器移植が認められていなかった」「一方でアメリカでは認められている」といった事実）。さらに、なぜそのような問題が生じたのかについて検討することで、それらの事実的知識を関連づけて意味づける説明的知識（解釈）が習得されます（例えば「子どもの臓器移植問題とは、国や年齢によって『人の死』の意味（脳死の捉え方）が異なることに起因する問題である」といった解釈）。そして、その問題やそこでなされている主張について、より一般化された視点から捉えていくことで、類似した問題にも適用するできる汎用性の高い説明的知識（概念）が習得されます（例えば子どもの臓器移植問題から抽出することができる「人の死」「自己決定権」といった概念）。その上で、自分自身の考えを表明することで、価値的知識にまで到達します（例えば「子どもの臓器移植は認めるべきではない」といった価値）。

このタイプの授業において習得される知識は、図14のように、これまで検討してきたタイプの授業と比べて、社会科で育成すべき学力への関わりが最も大きく、**合理的判断力の育成にストレートにつながっている**という点で意義深い授業になっていると言えます。

実現可能性が低い

しかし、このタイプの授業にも課題がないわけではありません。ここまで、その特質や優秀性について述べてきましたが、皆さんの中には、「意義深い授業構成ではあることは理解できるが、このような授業を実践できるのは、せいぜい年に1回くらいではないか」「いつもできるのか」といった具合に、懐疑的な感想をもつ人も多いと思います。

地理や歴史においても子どもたちに価値判断を求める授業を構成することは不可能ではありませんが[※3]、子どもたちにとっては直接関係のない社会における問題を取り上げることになるため、それだけ切実性が薄れてしまいます。子どもたちにとってより意義深い学びになるように、現代社会で生じている問題やこれからの社会で生じてくることが予想される問題を取り上げようとすれば、基本的には公民的分野において実践されることになります。しかし、学習指導要領に準拠してカリキュラムを編成する場合、公民的分野においても、論争的な問題を取り上げることのできる単元は限られています。

このように、このタイプの授業は、意義深いものである反面、**実現可能性が低い**という課題があると言えます。

Point

□ 子どもたちに「価値判断」を求める社会科授業は、**価値的知識までを習得**させるものになる。（図14）

□ 一方で、実現可能性が低いという課題がある。

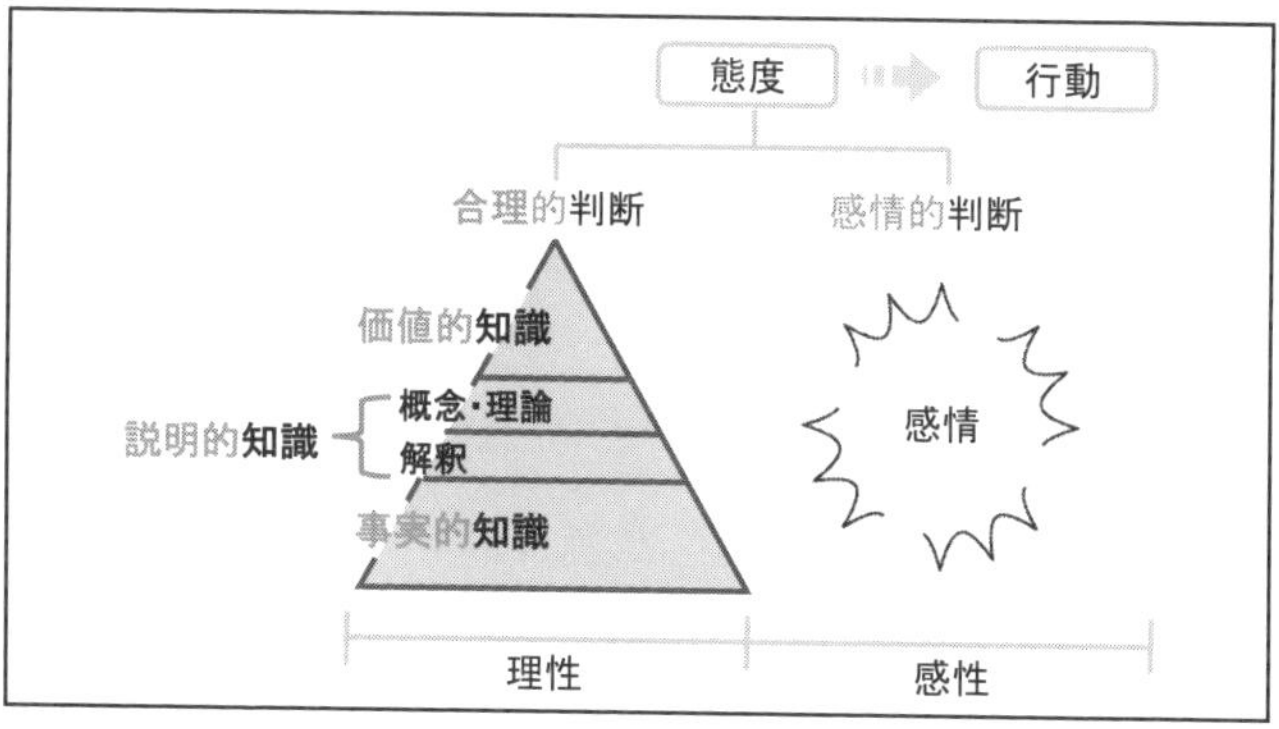

図14：社会科における学力像とこのタイプの授業の関わり方
（森分孝治「市民的資質育成における社会科教育－合理的意思決定－」『社会系教科教育学研究』第13号，2001年，を参照作成，網掛け部は，このタイプの授業が主として関わっている領域を示している）

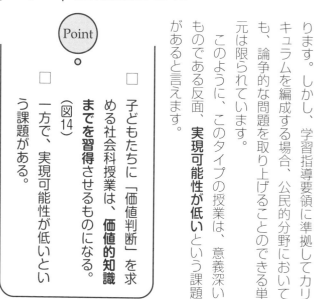

04 子どもたちに「価値判断」を求める授業構成

ハマりやすいNGポイント&アップデートの新公式

NGポイント① ―価値判断を下すこと自体を目的としてしまう―

このタイプの授業は、開かれた形での価値観形成を支援するものになっていました。しかし、子どもたちが自らの判断を批判的に捉えたり、それを省察する視点をもたなかったりすると、価値判断を下すこと自体が目的となってしまいます。このタイプの授業構成の考え方の基盤には、社会が向かうべき方向性には唯一解は存在しないとする社会観がありました。もし判断が誤っていればそれを正していく必要があります。授業において子どもたちが下した判断についても、それを吟味し、省察する視点をもつことが肝要です。

NGポイント② ―結論ありきの問題を取り上げてしまう―

また、このタイプの授業において、異なる主張が鋭く対立する論争問題（issues）ではなく、解決に向けた方向性が大まかには社会的に合意されている**問題（problem）**を取り上げることによって、子どもたちにとっては結論ありきの判断をすることになってしまいます。例えば、誰もが解決すべきと考えている地球環境問題に対して、その対処方法を考えさせたとしても、「限りある資源を大切に使うべき」といった紋切り型の意見に終始し、論争問題を取り上げた場合と比べて、浅い学びに留まる可能性が高いと思われます。

アップデートをめざして
―価値判断を省察する機会を複層的に設定する―

このタイプの授業をアップデートしていくための１つの手立てとして、自らの価値判断を省察する機会を複層的に設定することが考えられます。例えば、授業事例「子どもの臓器移植問題について考えよう」では、個人レベルでの価値判断に留まっていましたが、それを踏まえてグループやクラスのレベルで**最適解**を求める学習に取り組ませることも考えられます。集団レベルでの最適解を探る中で、異なる価値判断に触れることができるだけでなく、どこに妥協点を見出し、合意を形成できるかといったことについても考えることができます。そうすることで自らの価値判断を相対化することができると考えます。

また、この授業事例「子どもの臓器移植問題について考えよう」では、改正された臓器移植法の内容を確認していくことで、問題に対する社会的な合意についても詳細に検討しています。このように、**実際に社会で形成された合意**と、自分自身が下した判断や自分たちが導き出した最適解とを対置することは、それぞれのあり方を批判的に吟味する機会となると考えます※4。

アップデートの新公式

「子どもたちに「価値判断」を求める授業」 × 「価値判断を省察する機会を複層的に設定」 ＝ 「これからの社会のあり様を考える深い学び」

Point

□子どもたちに「価値判断」を求める社会科授業は、**「価値判断を下すこと自体が目的となる」「結論ありきの問題を取り上げる」**というNGポイントにハマりがちである。

□アップデートに向けて**「価値判断を省察する機会を複層的に設定する」**ことを意識したい。

註

1　奈井江町HP（http://www.town.naie.hokkaido.jp/）を参照。

2　「ズボンすり切れるまで」朝日新聞（夕刊）、２０１２年11月28日。

3　例えば、小原友行「意思決定力を育成する歴史授業構成―『人物学習』改善の視点を中心に―」広島史学研究会編『史学研究』１７７号、１９８７年、などを参照。

4　このことについては、拙稿「『社会に開かれた社会科授業』の実践的課題と授業デザイン―地域社会の課題を取り上げた社会科授業をどうデザインするか―」金子邦秀監修、学校教育研究会他編『多様化時代の社会授業デザイン』晃洋書房、２０２０年、で詳述した。

Chapter 4

求められる社会科授業アップデートの視点

Topics

- 授業の質と実現可能性は二律背反
- 求められる教師のゲートキーピング
- ハマりやすい「見方・考え方」NG ポイント
- 社会を理解していく際のレンズとしての「見方・考え方」
- 「見方・考え方の成長」を意識した学習モデル
- 中学校社会科の分野別アップデート事例

01 社会科授業づくり ハマりやすいNGポイント

授業の質と実現可能性は二律背反

Chapter1で述べたように、「社会科」は、民主的で平和的な国家・社会の形成者として求められる資質・能力（＝市民性）の育成を主眼とする教科です。このような理念に基づけば、社会科で育成すべき学力は、社会を深く理解した上で、より良いあり方を自律的に考えていくことができる力、すなわち、**「合理的判断力」の育成**に向けたものであると言えます。図15は、こうした考えを踏まえ、社会科で育成すべき学力とこれまで考察してきた授業構成の考え方との関係性を整理したものです。

本書では、NGパターンとして2つの授業構成を取り上げました。1つは、「価値注入的な社会科授業」であり、それは主として特定の価値観と結び付いた共感的な理解を軸に、子どもたちの感情に働きかけるものでした（図中①）。もう1つは、「活動中心の社会科授業」であり、それは主として表出される子どもたちの行動そのものを重視するものでした（図中②）。本書において、それらの授業構成をNGパターンとして位置づけたのは、図に示されるように、それらは社会科で育成すべき学力と関わるものとは言えないからです。

次に、4つのタイプの授業構成を取り上げました。最初に取り上げた「知識伝達に重きを置いた社会科授業」は、主として事実的知識の習得が中心となっていました（図中③）。次に取り上げた「事象の意味や意義に迫る社会科授業」は、主として説明的知識（解釈）までを習得させるものになっていました（図中④）。続いて取り上げた「概念や理論の習得をめざす社会科授業」は、主として説明的知識（概

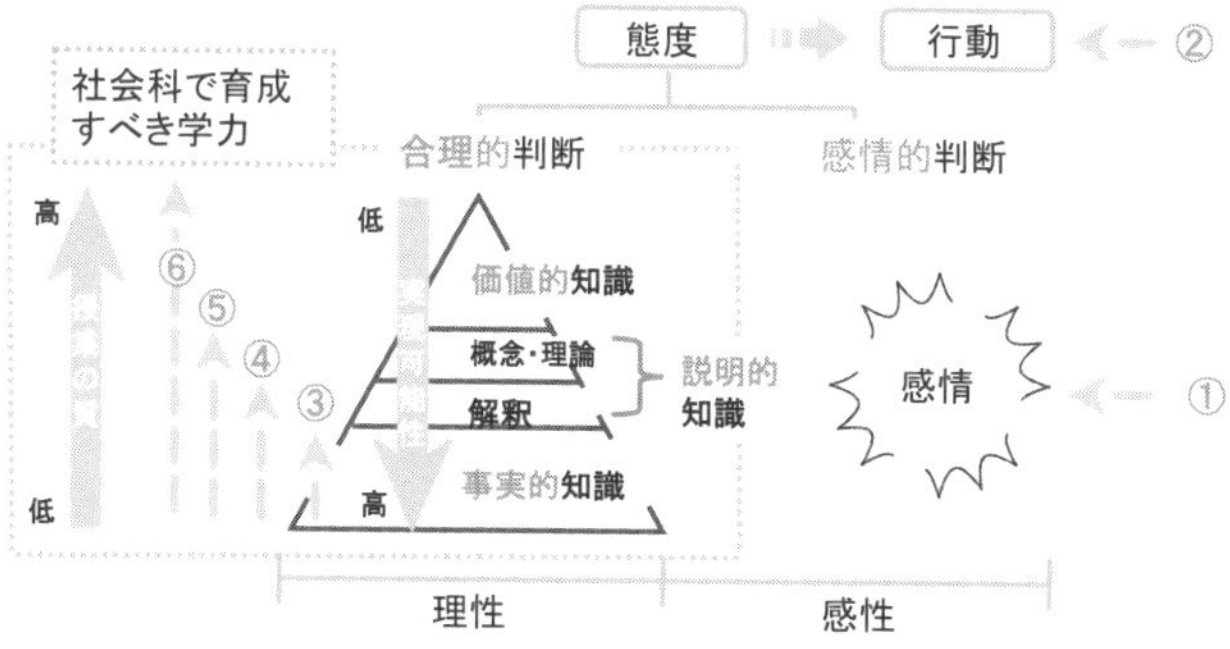

図15：社会科で育成すべき学力とタイプ別授業構成の関係
（森分孝治「市民的資質育成における社会科教育―合理的意思決定―」『社会系教科教育学研究』第13号，2001年，を参照作成）

念・理論）までを習得させるものになっていました（**図中⑤**）。最後に取り上げた「子どもたちに価値判断を求める社会科授業」は、主として価値的知識までを習得させるものになっていました（**図中⑥**）。

それぞれは、包含関係にあるので、③→④→⑤→⑥の順に社会科で育成すべき学力への関わりが大きくなっており、それだけ期待される教育的役割を果たし得る授業構成になっています。そのため「社会科授業としての質」としては、「子どもたちに価値判断を求める社会科授業」が最も高く、「知識伝達に重きを置いた社会科授業」が最も低いと言えます。一方で、「子どもたちに価値判断を求める社会科授業」には、公民的分野の限られた単元でしか実践できないという課題がありました。逆に「知識伝達に重きを置いた社会科授業」は教科書さえあれば直ちに実践可能でした。そのため、「実現可能性」としては、「子どもたちに価値判断を求める社会科授業」が最も低く、「知識伝達に重きを置いた社会科授業」が最も高いと言えます。つまり、「社会科授業としての質」と「実現可能性」とは、**二律背反の関係**にあります。

求められる教師のゲートキーピング

このような関係性を踏まえれば、**社会科授業に唯一解は存在しない**、ということになります。そのような中で、例えば、受験対策として教師による説明（解説）に終始するなど、特定の授業構成に固執することは、新たな学びの可能性を子どもたちから奪う、NGな行為だと言えます。

近年、**「教師のゲートキーピング」**という概念が注目されています。それは学習指導要領など、公的カリキュラムを各教師が自分なりに調節して授業に落とし込んでいくことを意味します※1。約10年ごとに学習指導要領は改訂され、求められる授業も変化していますが、社会科＝暗記というイメージが変化しないのは、知識伝達を重視する教師のゲートキーピングがもたらした結果かもしれません。社会科授業の改善に向けて、皆さん自身のゲートキーピングの質を高めることが肝要です。図15を基に自らの実践を省察し、新たな可能性を探っていく必要があります。

Point

□ 「社会科授業としての質」と「実現可能性」は**二律背反**の関係にある。

□ 授業改善に向けて**「教師のゲートキーピング」**の質を高めることが大切である。

02 「視点や方法（考え方）」としての見方・考え方

平成29年版学習指導要領における「見方・考え方」

２０１７（平成29）年に改訂された学習指導要領では、Chapter1でも触れたように、子どもたちが、学習内容を人生や社会の在り方と結び付けて深く理解し、これからの時代に求められる資質や能力（コンピテンシー）を身に付け、生涯にわたって学び続けることがめざされています。そのため、学習の質を一層高めるための授業改善の取組を活性化していくことが求められています。その際の視点が「主体的・対話的で深い学び」であり、そのような授業改善のキーワードとして、**「見方・考え方」を働かせる**ことが重視されています。各教科等の見方・考え方とは、「どのような視点で物事を捉え、どのような考え方で思考していくのか」という、その教科等ならではの物事を捉える「視点や方法」とされており、それは各教科等を学ぶ本質的な意義の中核をなすものとされています※2。

社会科の場合、他教科と比べるとコンテンツ的性格が強いため、どうしても、授業＝教師が説明（解説）をする場として捉えがちです。こうした現状に対する突破点として、社会科を学ぶ意義を意識した上で、教授内容としての知識だけでなく、学習における思考のあり方を示した見方・考え方が、学習指導要領において重視されたことは、大きく評価されるべきであると考えます。

社会科における見方・考え方は、「社会的な見方・考え方」とされ、それは「課題を追究したり解決したりする活動において、社会的事象等の意味や意義、特色や相互の関連を考察したり、社会に見られる課題を把握して、その解決に向けて構想したりする際の視点や方法であると考えられる」とされています※3。例えば、歴史的分野の場合は、「社会的事象の歴史的な見方・考え方」として、観点を示して以下のように整理されています。

・時期、年代など時系列に関わる視点
・展開、変化、継続など諸事象の推移に関わる視点
・類似、差異、特色など諸事象の比較に関わる視点
・背景、原因、結果、影響など事象相互のつながりに関わる視点

これらの視点に着目して比較したり、類似や差異などを明確にしたり、事象同士を因果関係などで関連づけたりするという方法（考え方）を踏まえて社会的事象を考察することなどが、その具体的なあり方として示されています。このように、学習指導要領において示された社会的な見方・考え方とは、社会的事象について探究していく際の「視点や方法（考え方）」であり、そのため、「○○に着目して捉え」「××と関連付けて」といった形式で表記されています。そして、「社会的な見方・考え方」を働かせた学習は、新しい学力の3つの柱の内、「思考力、判断力、表現力等」の育成に当たって重要な役割を果たすものとして※4、「思考力、判断力、表現力等」を中核に、求められる資質・能力を育んでいくための**「手段」**として捉えられていると言えます。

ハマりやすい「見方・考え方」NGポイント

しかし、社会科の場合は、コンテンツ的性格が強いため、いざ授業の改善に取り組もうとしても、他の教科等と比べると、大胆な改革の方途を探りにくいのが現状です。そのため、「主体的・対話的で深い学び」の実現に向けた授業改善として、学習指導要領に示された「視点や方法（考え方）」をそのまま学習の「型」として取り入れる、対話的な学びとしてペアトークやグループワークを取り入れるなど、学習形態に特化した**形式的な授業改善**に留まってしまいがちになります。

こうしたNGポイントを避け、「主体的・対話的で深い学び」の実現に向けた授業改善に取り組む際には、学習指導要領に示された「視点や方法（考え方）」としての見方・考え方を活用することで、**深い思考を促す魅力的な授業づくり**を志向する必要があります。例えば、歴史的分野であれば、先に示した「視点や方法（考え方）」を活用して、事象の歴史的な意味や意義、それぞれの時代の特色や時代像に迫っていくことで、生徒たちを深い理解に導いていくような意義ある授業づくりが求められます。

Point

□ 平成29年版の学習指導要領では、「主体的・対話的で深い学び」の実現に向けて、社会的事象について探究する際の「視点や方法（考え方）」としての「見方・考え方」が示された。

□ しかし、見方・考え方を学習の「型」として捉え、それらを機械的に取り入れるだけでは、学習形態に特化した形式的な授業改善に留まってしまう。

03 「目的」としての見方・考え方

社会を理解する際の概念的枠組みとしての「見方・考え方」

これまでの検討を踏まえた上で、ここからは、求められる社会科授業構成のあり方について、筆者自身の考えを示していきます。

社会科授業では「見方・考え方」を「視点や方法（考え方）」として働かせる学習だけでなく、それを通して「目的」概念としての見方・考え方、つまり、**子どもたち自身がもっている「社会の見方・考え方」そのものを成長させていく**ような授業づくりが必要であると、筆者は考えています。前項でも述べましたが、学習指導要領が示すように、見方・考え方を「視点や方法（考え方）」という学習の「手段」として捉えただけでは、形式的な授業改善に留まる可能性があります。

平成20年版の学習指導要領においては、「社会科、地理歴史科、公民科においては、社会的事象に関心をもって多面的・多角的に考察し、公正に判断する能力と態度を養い、社会的な見方や考え方を成長させること等に重点を置いて、改善が目指されてきた」と記されています。つまり、これまで見方・考え方は、学習の結果としてそれ自体を成長させるべき**「目的」**として捉えられてきました。

また、社会科教育学研究においても、「目的」としての見方・考え方という捉え方を基盤に、数多くの研究成果が蓄積されており、見方・考え方は、**「現代の社会的事象を読み解くときの概念的枠組み」**などとして捉えられてきました※5。

本来、社会科は内容教科として、社会的事象の本質や事象間の関係性、事象が生起してきた理由や社会的な背景を解明していくことで、子どもたちに質の高い社会認識を形成していくことが、教科の理念に適うものと考えられてきました。そして、質の高い社会認識を形成するということは、子どもたち自身の「社会の見方・考え方」をより大きく成長させるということであり、そうした「社会の見方・考え方」を基に、社会の現状を批判的に捉え、より良い社会のあり方を自律的に追求することができる力をもった子どもたちを育成することが、社会科という教科の理念として考えられてきました。

このような議論や研究の蓄積を踏まえて筆者は、社会科の授業づくりにおいては「目的」としての見方・考え方を意識し、子どもたち自身の「社会の見方・考え方」を成長させていくことが重要で、それこそが、社会科に課せられた本来的な責任であると考えます。

社会を理解していく際の「レンズ」としての「見方・考え方」

社会科授業では、図16に示すように、社会的事象の本質や事象間の関係性を読み解いていくための「レンズ」としての役割を果たす「社会の見方・考え方」を成長させることが求められます。

これからの1人1台端末時代においては、様々な情報を瞬時に収集することができます。そのため、社会的事象について「知る」ことは今まで以上に容易になっています。しかし、それらの事象の本質や事象間の関係性を読み解いて「理解する」ことは容易ではありません。複雑な社会を読み解き、これからの社会のあり様を主体的に考えていくことのできる力の育成が社会科には期待されており、そのため社会科授業を通して、子

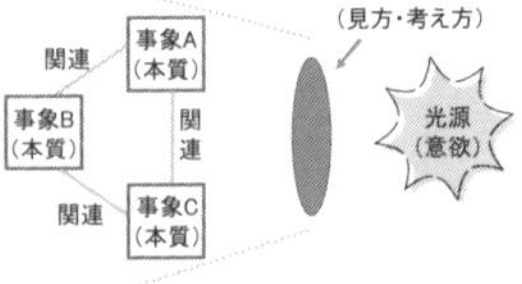

図16：社会を理解するためのレンズとしての「見方・考え方」（大杉昭英他『新中学校教育課程講座　社会』ぎょうせい，2000年，を参照作成）

どもたちが持っている「社会の見方・考え方」をより洗練されたものに成長させていくことが求められます。

子どもたち自身の「見方・考え方」として機能する説明的知識

社会科授業を通して成長させていくべき子どもたち自身の「社会の見方・考え方」は、これまで本書において用いてきた社会科学力像（そこに示された知識の質）に即して述べれば、事象を解釈し、説明するための**「説明的知識（解釈／概念・理論）」**であると言えます。

説明的知識は、それ自体は命題化された知識ですが、子どもたちの中に取り込まれたときに、事象を解釈し、説明するための「見方・考え方」として機能します。個別の強い説明的知識（解釈）は、特定事象を理解する際に、汎用性の高い一般化された説明的知識（概念・理論）は、複数の事象を理解する際に、それぞれ活用されることになります。

例えば、公民的分野で学習する「社会保障制度」が、「健康保険や雇用保険などの社会保険制度や、障害のある人や高齢者などに対する援助をおこなう社会福祉など、４つの分野からなる制度」といった事実的知識を習得していたとしても、それが「国民の生存権を確保するために、貧困や失業を取り除き、最低限度の生活を営むことができるよう国の責任においておこなう制度」であるという本質が理解できていなければ、社会保障費の増大に対応した近年の増税について考察したり自分の考えをもったりすることはできないでしょう。逆にそうした本質を理解していれば、「社会保障制度」が４つの分野から成り立っていることも納得を伴って理解することができます。情報化の進展が著しい今日においては、溢れる事実的知識を整理し、単に日常生活を送っているだけでは見えてこない事象の本質や事象間の関係性を読み解いていく「レンズ」の役割を果たすものとして、その習得がますます必要になってきます。

ところで、本書では、説明的知識（社会の見方・考え方）を、社会を照らすための「ライト」として捉えた筒井淳也氏の論を紹介しました。しかし、暗闇を照らすライトのように、見方・考え方（説明的知識）をもってさえいれば社会を深く理解できるわけではありません。図16で示したように、見方・考え方を用いて社会を理解しようとするためには、「意欲」が不可欠です。そのため、理解しようとする意欲を光源に、「レンズ」としての見方・考え方を通して、社会を深く理解していくというイメージです。

こうした「レンズ」としての「社会の見方・考え方」を成長させる社会科授業とは、授業構成の考え方としては、説明的知識（解釈／概念・理論）の習得までをめざす、**「事象の意味や意義の理解に迫る授業構成」**や**「概念・理論の習得をめざす授業構成」**であると言えます。つまり、「知識伝達に重きを置いた授業構成」のように、事実的知識を習得するだけに留まるのではなく、また、「子どもたちに価値判断を求める授業構成」のように、価値的知識の習得までを視野に入れつつも、子どもたち自身の「社会の見方・考え方」の成長をつながる説明的知識の習得をめざした授業づくりが求められます。

しかし、**説明的知識**は抽象度も高く、知識として提示しただけでは、「社会の見方・考え方」として習得されることは難しいと思われます。そこで次に、「知識成長」のあり方の視点から、「社会の見方・考え方」を成長させる手立てについて考えていきましょう。

Point

□ これから求められる社会科授業では、子どもたち自身の**「社会の見方・考え方」そのものの成長**を意識する。

□ 説明的知識が子どもたちに取り込まれたとき「社会の見方・考え方」として機能する。

04 見方・考え方の成長方略

知識の累積的成長

子どもたちは、日常生活の中で獲得した知識や以前の学習から獲得した知識を基にして、彼らなりの認識体制を構築しています。そうした既有の知識に対してどのように働きかけるのか、「知識成長」をどう捉えるか、によって構成される授業の質は変化します。

図17のように「知識成長」には2つの方向性が想定されます。1つは、知識の**「量的拡**

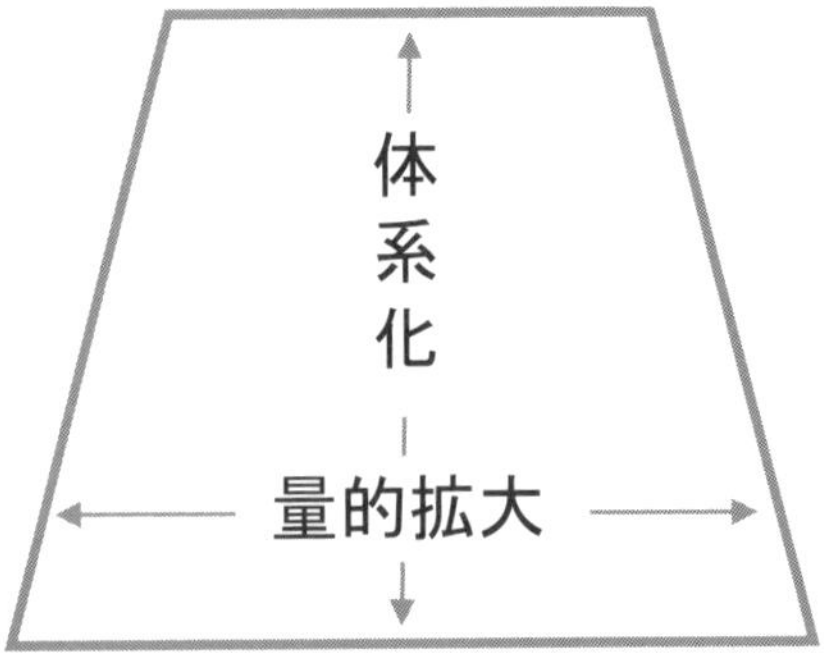

図17：2つの知識の成長
（森分孝治『現代社会科授業理論』明治図書，1984年，p.119，を参照作成）

大」で、未知の事象・事実を明らかにし、それを新たな知見として加えるというものです。もう1つは、知識の**「体系化」**で、事象の記述を超えて、それがなぜそのようになり、それが他にどのような影響を与えるのかを解釈し説明し、さらによりまちがい少なく説明し予測するための理論構築を行い、個々の理論を包摂しながら、より説明力の高い理論の下に知識を体系化するものです。前者は**「知識の累積的成長」**と呼ばれ、後者は**「知識の変革的成長」**と呼ばれます。

「知識の累積的成長」をねらった授業は、「知識伝達に重きを置いた社会科授業」であると言えます。しかし、Chapter3で詳しく述べましたが、このタイプの授業では、個別の事象をより詳しく知ることはできますが、知的好奇心が満足されにくいものでした。それに対し、子どもたちとってより意義深いのは、**「知識の変革的成長」をねらった授業**であり、それこそが、子どもたち自身の**「社会の見方・考え方」を成長させる授業**となります。

知識の変革的成長

授業の質を高め、子どもたち自身の「社会の見方・考え方」を成長させる授業づくりのためには、「知識の変革的成長」、すなわち、「それは何か」「なぜそうなるのか」といった解釈や説明ができるようになることをめざした授業構成が求められます。

図18は、見方・考え方の成長、すなわち、「知識の変革的成長」の過程を模式的に示したものです。学習者は、既存の知識（理論、Existing Theory）では説明できない事実（Fact）に出会ったとき、その事実を包摂するように、自らがもっている説明的知識を成長させます（ET1→ET2、これを「変革的成長」と呼ぶ）。この知識成長が「見方・考え方の成長」であり、説明ができそうでできない事実（Problem）と出会った時、なぜそうなるのかを考えていく過程の中で、より説明力の高い見方・考え方へと到達するということです。このように、**既有の知識に新たな知識を関連づけていく**ことで、見方・考え

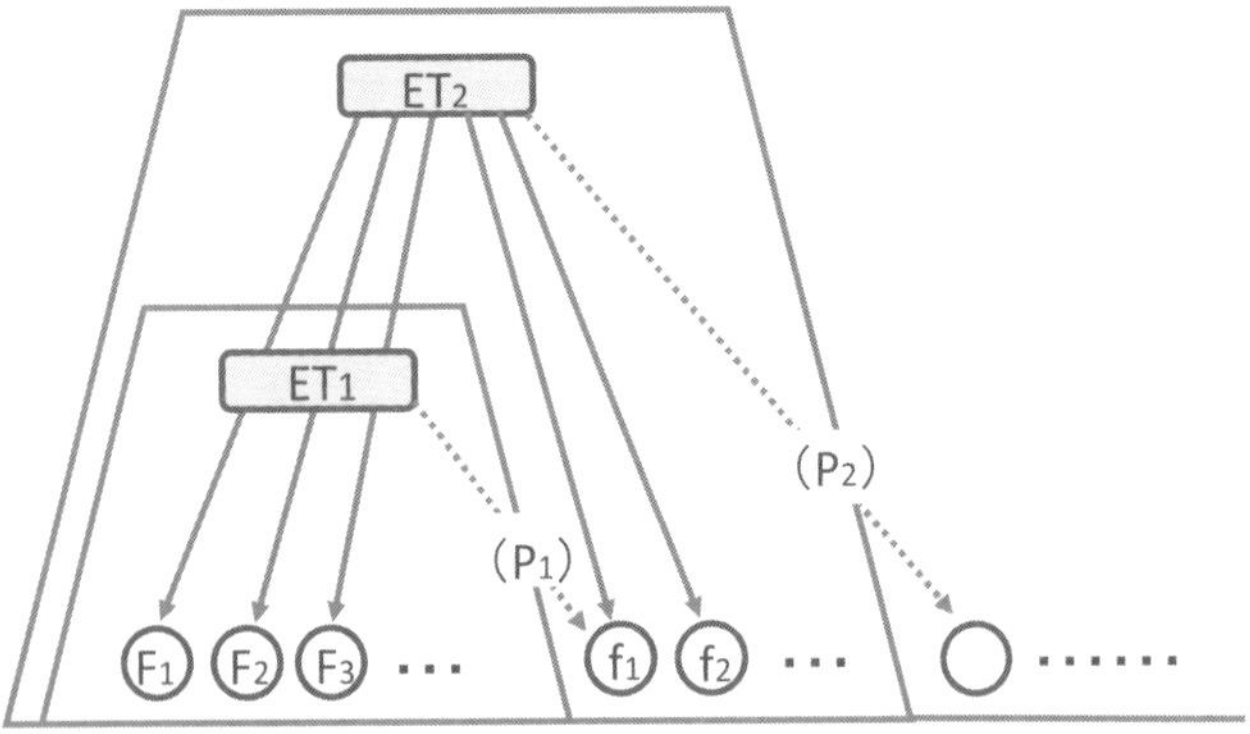

図18：知識の変革的成長＝見方・考え方の成長
（森分孝治『現代社会科授業理論』明治図書，1984年，p.123，を参照作成）

方は成長します。

学習意欲を喚起する「認知的不協和」

これらのことを授業構成に置き換えると、**既有の知識では説明ができない事実**を提示することで、**「なぜ」「どうして」という疑問や矛盾**を喚起し、それらの疑問や矛盾を解明していく過程として授業を組織していけば、子どもたちの見方・考え方を成長させることができるということになります。子どもたちにとっては、答えられそうで答えられない問いであるため、「なぜなのか」「知りたい」という知的好奇心が喚起されやすく、それだけ授業が魅力あるものになっていくと考えられます。

このように、既有の知識では説明ができそうでできない状態を**「認知的不協和」**と呼び、魅力ある授業づくり、特に導入部における学習課題（Main Question）の設定にとって、有益な手立てとなります。具体的には、Chapter3で検討した、説明的知識（解釈／概念・理論）の習得までをめざした「事象の意味や意義に迫る授業構成」や「概念や理論の習得をめざす授業構成」の授業事例において見られたように、「（鎌倉時代には朝貢を拒否して戦いとなっていたにも関わらず）なぜ義満は自ら使者を送り朝貢したのか」といった問いや、「（交通の便が良いとは言えないにも関わらず）なぜ内陸部の東広島市で工業が盛んなのか」といった具合に、「○○なのに××なのはなぜか」という**副文型の問い**をMQとして設定することが、魅力的な導入づくりのための有効な手立てとなります。特に、中学校においては、小学校での社会科学習では十分に説明することができない疑問や矛盾を踏まえた問いを設定することで、中学校での社会科学習の意義をより明確できます。

しかし、既有の知識とあまりにかけ離れた問いや、簡単に答えられる問いでは動機づけは高まらず、**答えられそうで答えられない問い**が提示された時に動機づけが高まります。そういった「最適水準」を示したものが図19です。授業づくりに際しては、子どもたちがもっている知識や先行経験、あるいはそこから生じる思考や予測の内容や程度を、できるだけ正確に把握した上で、発問・

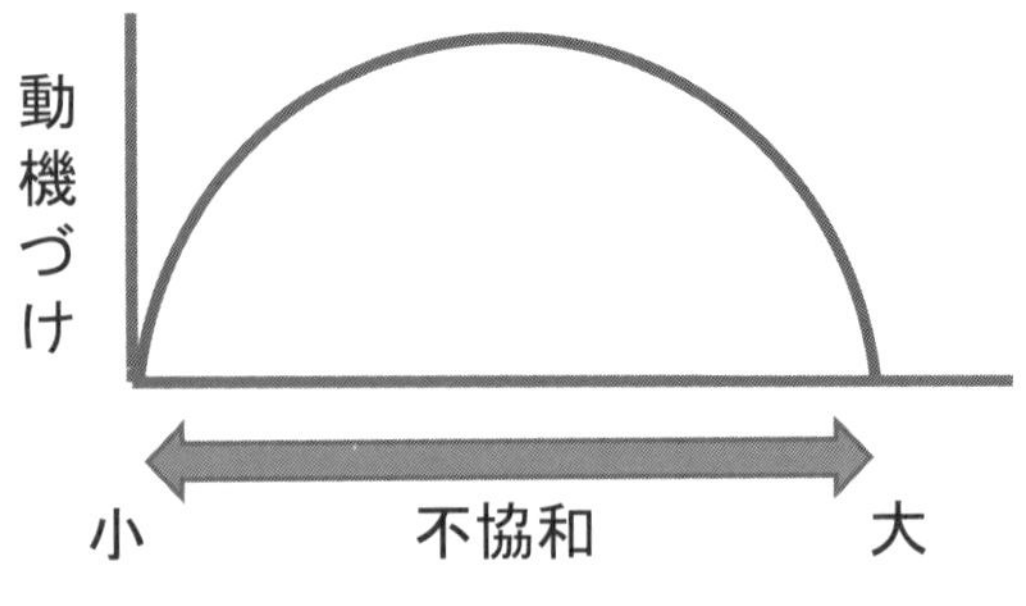

図19：認知的不協和の最適水準
（下山剛編『学習意欲の見方・導き方』教育出版，1985年，を参照作成）

資料を工夫する必要があります。

Point

□ 子どもたち自身の「見方・考え方の成長」とは、**「(説明的)知識の変革的成長」**を意味する。

□ 見方・考え方を成長させる魅力的な授業づくりのためには、子どもたちがもっている既有の知識では説明ができない**「認知的不協和」**を生じさせる副文型の問いを設定することが有効な手立てとなる。

求められる
社会科授業
アップデートの視点

05 「見方・考え方の成長」を意識した学習モデル

既有の知識に新たな知識を関連付ける

ここでは、これまでの検討を踏まえ、「見方・考え方の成長」を意識した学習の具体的なイメージを提示していきます。まずは地理的分野における「日本の気候」を事例に、見方・考え方が成長するとはどういうことか、そのイメージをより明確化します。特に、子どもたちがもっている既有の知識に、新たな知識を関連づけることでどのように見方・考え方が成長するのかということについて、具体的なイメージを示してみましょう。

ところで、昼には風は海から陸に吹くでしょうか、陸から海に吹くでしょうか。また、夜の風の向きは海から陸に吹くでしょうか、陸から海に吹くでしょうか。

正解は、昼に吹く風は「海から陸に」、夜に吹く風は「陸から海に」となります。この仕組みは、「地面の方が水よりも比熱が小さい（熱し易く冷め易い）」という知識と、「空気は暖まると軽くなって上昇し、そこに冷たい空気が流れ込んで風になる」という2つの知識があれば説明することができます。ここでは、小学校の理科学習で習得した比熱に関する知識（比熱が小さい＝同じ熱量を与えられた時、温度が上がりやすい）と、例えば、寒い日に暖房で暖められた部屋のドアを開けると冷たい空気が流れ込んでくるといった生活経験から得た知識とを関連づけて思考することで、「海風と陸風の仕組み」に関する新たな見方・考え方、すなわち「昼間は、陸の方が海水より熱くなる。したがって、海から陸に向かって風が吹くが、夜は逆に陸から海に向かって風が吹く」という汎用性のある知識を得ることができます。

さらに、このような見方・考え方に、図20に示されるような、日本列島における季節風に関する知識を関連づけることで、「夏は海洋よりも大陸の方が熱くなる。したがって、海洋から大陸に向けて風が吹くが、冬は逆に大陸から海洋に向かって風が吹く」という知識を獲得し、季節風の仕組みを説明することができるようになります。こうした日本列島における季節風に関する見方・考え方は、陸地と海洋の位置関係が日本列島と似ている地域、例えば、インドシナ半島のモンスーン等にも適応できる汎用性の高いものになります。

このように、子どもたちが、生活経験やそれまでの学習を通じて持っている既有の知識に、新たな知識を関連づけていくことで、**より多くの事象を説明することができる**見方・考え方へと成長させることができます。

思考のプロセスとして展開する

既有の知識に新たな知識を関連づけていくことで、見方・考え方は成長していきますが、そうした知識を教師が単に提示するだけでなく、それらを基に子どもたち自身が思考する中で、新たな見方・考え方へと到達していくことが重要です。

つまり、見方・考え方を成長させる授業は、説明ができそうでできない事実を説明可能にしていく過程、すなわち、そのような疑問や矛盾（認知的不協和）を学習課題として、それを解明していく**「思考のプロセス」**として組織されます。ここでは、歴史的分野における「黒船の来航とその影響」を事例に、具体的な学習モデルを示しましょう。

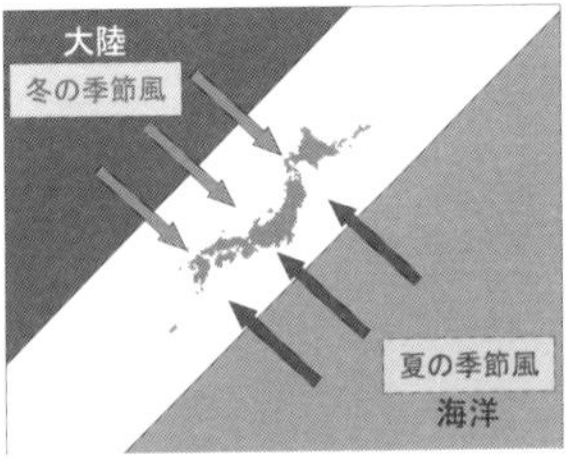

図20：季節風の仕組み（筆者作成）

小学校での学習を通じて、生徒たちは、幕末に日本に開国を求めたペリーが「黒船」で来航したこと、黒船には、巨大で黒塗の船体であったこと、風向や風力の影響を受けずに蒸気機関で自走すること等、当時の日本の和船にはない特徴があったことを知っています。しかし、絵図等に描かれた黒船を観察してみると、蒸気機関用の煙突に加えてマストや帆も装備されていたことがわかります。これらは風力で走るための装置であるため、自走する黒船には本来不要であるはずのものです。この事実から「蒸気機関で自走するにも関わらず、なぜ黒船にはマストや帆があるのか」という疑問（矛盾）を提起することができます。実はこうした黒船の特徴がペリー来航の背景となっており、その疑問を踏まえて「なぜペリーは日本に開国を求めたのか」という問いに発展させていきます。

この問いに対して生徒たちは、小学校での学習を基にして、「貿易」をその理由に挙げるかもしれません。しかし、1854年に締結された日米和親条約には貿易に関する規定はありませんので、それ以外の理由を探っていく必要性が生じます。そこで、「煙突に加えてマストや帆もある」という黒船の特徴を基に話し合うことで、「石炭だけで遠洋航海は不可能だから、煙突もマストもあるのではないか」「日本を石炭補給のための寄港地とするために開国を求めたのではないか」といった仮説を生成することができます。日本でも江戸時代に入ると広く石炭が採掘されており、実際にそうした規定が日米和親条約に盛り込まれていることが確認できます。次に、なぜ寄港地を求めたのが日本であったのかという点について、アメリカが当時置かれていた状況を他の列強諸国と比較して考えていきます。ヨーロッパの列強諸国はインド洋を経由して中国と貿易を行っていたこと、各国の艦船はインド洋沿岸の寄港地で燃料や食料を補給していたこと、それに対して、アメリカが中国と貿易をするためには太平洋を航海する艦船の寄港地が必要であったこと、北太平洋に展開していた捕鯨船のために日本付近に寄港地が必要であったことなどを基に、日本に寄港地を求めてきた理由を導き出すことができます。さらには、日米和親条約のわずか4年後に締結された日米修好通商条約に、自由貿易の規定が盛り込まれていたから、もともとアメリカは日本との交易を目的としており、その前段階として寄港地確保のために開国を求めてきたのではないかと考察することでペリー来航の意味を見出します。

一般的には、「幕府は黒船の来航にどのように対応したのだろうか」といった問いを軸に、日米和親条約や日米修好条約の内容、開港した港の位置や名称を確認する授業展開が多いと思われます。それに対して、**小学校での学習内容を踏まえた問い**を設定し、それを追究していく過程として授業全体をデザインすることで、事実的知識の習得に終始することなく、見方・考え方の成長につなげることが可能になります。

既有の知識を総動員するパフォーマンス課題を設定する

また、見方・考え方の成長を意識した授業づくりに際しては、**既有の知識を総動員して取り組むパフォーマンス課題**を取り入れることも有効な手立てとなります。ここでは、公民的分野における「個人の尊重と日本国憲法」のうち、特に、「生存権」を題材として、憲法に対する立憲主義的な見方・考え方に基づいて思考することを求めるパフォーマンス課題を設定した授業展開例を提示します※6。具体的には次のような課題を設定します。

> あなたは社会科を学ぶ中学3年生です。ある日、友達が次のような質問をしてきました。「社会科の授業で生存権について勉強したけど、もし『健康で文化的な最低限度の生活』を営むことができない人がいたとしたら、その人は憲法に違反したことになるのかな？」あなたはこの質問にどのように答えますか。「憲法の基本的な考え方」を踏まえて、友達が納得するように説明して下さい。

日本国憲法の第25条第1項の生存権の規定を「人間らしい生活を営む権利／豊かに生きる権利」として学習した生徒たちの多くは、パフォーマンス課題の前段「健康で文化的な生活を営むことができない者は、日本国憲法に違反したことになるのか」という問いに対して、「義務ではなく権利だから」と答えることが想定されます。そこで、同条第2項に着目させ、国は社会保障制度等を整備することなどにより、個人ではなく国家が生存権を保障する責務を負うということを確認します。その上で「憲法は何のためにあるのか。そもそも誰が守るものか」という問いを突き付けて、ペアやグループで対話的に考察させます。この問いは、憲法の最高法規性等の既習の知識では答えられないものとなっています。

そこで、第99条の憲法尊重擁護義務を根拠に考えさせることで、「憲法とは国民の権利や自由を保障するために国家（政治権力）に下された命令である」といった憲法に対する本質的な見方・考え方へと成長させることをめざします。こうした**立憲主義的な見方・考え方**は、人権保障を巡る社会的議論を読み解き、将来の主権者として自律的に判断していくための拠り所となっていくものです。

　例えば、日本国憲法第38条第3項には、「何人も、自己に不利益な唯一の証拠が本人の自白である場合には、有罪とされ、又は刑罰を科せられない。」という「自白の証拠能力」に関する規定があります。これは生徒たちにとっての常識、つまり「悪いことをした時には素直に罪を認めて謝るべき」という価値とは反する内容になっています。しかし、この規定は国家権力が不当に自白を強要したとしてもその他に証拠がない場合は有罪とされないと憲法に明記することで、国家権力を規制し、人権を保障していくことをねらいとしたものです。こうした立憲主義的な見方・考え方を用いれば、この規定の意味もより良く理解することができます。また、「疑わしきは罰せず」や「デュープロセス」など、(刑事)裁判に関わる諸理念は被告人の権利を守るためのものであることについても、この見方・考え方を用いて説明することができます。

このように、既有の知識を総動員して取り組む課題を設定することも、「見方・考え方の成長」を意識した授業づくりのために有効な手立てとなります。

Point

- □「見方・考え方の成長」を意識した授業では、既有の知識に新たな知識を関連づけていく。
- □説明ができそうでできない事実を説明可能にしていく過程として授業を組織する。
- □既有の知識を総動員して取り組むパフォーマンス課題の設定も有効である。

06 中学校社会科の分野別アップデート事例
地理的分野の場合

アップデートの視点

前節では、見方・考え方を成長させていくための学習モデルを示しました。ここからは、子どもたち自身の**見方・考え方の成長を意識してアップデート**された授業事例を、分野別に紹介することで、求められる授業のあり方をより具体化していくことにしましょう。まずは地理的分野における授業例として、Chapter2でも授業の対象とした「世界遺産」について、筆者自身が開発した授業（単元）を示します。表1は、筆者が開発した地理的分野の単元「文化遺産が大切にされる理由を探ろう」の全体構造を示したものです。

単元「文化遺産が大切にされる理由を探ろう」では、2007（平成19）年に日本から世界文化遺産に登録された「石見銀山」を教材として、遺跡そのものに着目し、そのすばらしさを受容させるのではなく、例えば、世界遺産への登録がもたらした社会的な影響（とりわけ負の）を分析したり、その「すばらしさ」は遺跡そのものがもっているものではなく、現在の私たちが付与したものであるということをメタ的な視点で分析したりするなどして、世界遺産の学習を通して社会を客観的に見る眼を養うことをめざしています。

小学校の社会科授業においても、世界遺産を取り上げることが求められています※7。そこで見られる一般的な学習としては、例えば、世界遺産を網羅的に取り上げるガイドブック的な学習がよく見られます。また、藤原氏の政治について学習する際に平等院鳳凰堂を取り上げ、それが国風文化の代表的遺跡であること、そし

	パート	主な発問	時間
導入	問いの設定	○なぜ石見銀山は世界遺産に登録されたのだろう。（◎なぜ古い時代の遺跡が大切にされるのだろうか）	1時間
展開Ⅰ	問いへの取り組み① 【事象そのものを理解する】	○なぜ石見銀山は世界遺産に登録されたのだろうか。	
展開Ⅱ	問いへの取り組み② 【事象と社会との関わりを理解する】	○石見銀山の世界遺産への登録が地域社会に与えた影響はどのようなものだったのか。	1時間
展開Ⅲ	問いへの取り組み③ 【メタ的視点から事象を理解する】	○石見銀山は最初から「大切に継承すべきもの＝文化遺産」だったといえるだろうか。	1時間
終結（発展）	問いの深化	◎なぜ文化遺産が大切にされる（されない）のだろうか。	

表１：中学校地理的分野　単元「文化遺産が大切にされる理由を探ろう」の全体構造（全３時間）（拙稿「世界遺産を活用した小学校社会科授業の開発」平成20年度文教協会研究助成金研究成果報告書『世界遺産から身近な生活文化遺産までを活用した社会系教材開発研究』2009年，pp.45-77，において提示した授業プランを改訂し、筆者作成）

て世界文化遺産に登録されていることを確認した後、それらは「さん然と輝く」世界に誇るべきものであり、大切に守っていかなくてはならないということを確認していく学習等も実践されています※8。しかし、これでは、「世界遺産（やそれ以外の文化財）を大切にしよう」という価値観を注入するものに陥りがちになってしまいます。

それに対し、単元「文化遺産が大切にされる理由を探ろう」は、世界遺産について多角的な視点から考察していくことで、生徒たちが社会事象の分析視点を獲得し、社会の見方・考え方を成長させ、社会を客観的に見る眼を養うことをねらってアップデートされたものとなっています。具体的には、単に石見銀山のすばらしさを受容する（＝「事象そのものの理解」）だけではなく、世界遺産への登録を機に生じた負の影響の理解（＝「事象と社会との関わりの理解」）や、そのすばらしさ自体が現在の価値観から創出されているという「メタ的な視点からの事象の理解」をめざしています。そのため、石見銀山が世界遺産へ登録された理由、その結果生じた地域社会への影響、人々が世界遺産への登録をめざす理由、を学習内容に、この順序で配列し、目標の達成をねらうものになっています。

授業の展開

単元「文化遺産が大切にされる理由を探ろう」は、「なぜ石見銀山は世界遺産に登録されたのだろう（なぜ古い時代の遺跡が大切にされるのだろうか）」という学習課題を軸に、多様な視点から世界遺産「石見銀山」を分析することで、「世界遺産＝大切なもの」といった素朴で常識的な見方・考え方を、より精緻で深いものへと成長させようとしています。

世界遺産や石見銀山にまず着目させる**導入部**に続いて、**展開部Ⅰ**では「なぜ石見銀山は世界遺産に登録されたのだろうか」という問いに基づき、石見銀山を紹介する諸資料から、「石見銀山は、①世界的に重要な経済・文化交流を生みだした、②伝統的技術による銀生産方式を豊富で良好に残す、③銀の生産から搬出に至る全体像を不足なく明確に示す、という点で評価され、世界遺産に登録された」ことを明らかにします。

続く**展開部Ⅱ**では、「石見銀山の世界遺産への登録が地域社会に与えた影響はどのようなものだったのか」という問いに基づいて、世界文化遺産への登録を機に大勢の観光客が石見銀山周辺を訪れたため、住民たちが排ガスや振動に悩んでいることや、間歩（坑道跡）内に生息していた貴重なコウモリが数を減らしていることを取り上げた新聞記事※9を中心にして、「世界遺産への登録は、観光客の増加など、地域の振興のために大きなプラスの影響をもたらしたが、その反面、環境の悪化や遺跡の保存維持のために多額資金が必要になるなど、マイナスの影響も見られた」ことを明らかにします。

展開部Ⅲでは、「石見銀山は最初から『遺産＝大切に継承すべきもの』だったといえるだろうか」という問いに基づいて、世界文化遺産への登録をめざして活動している他地域の事例やそうした活動に疑問を感じている地域住民の声を取り上げた資料も取り上げて、「世界遺産への登録以前の石見銀山はそれほど注目されておらず、現在の私たちが持っている考え方や価値観によって『遺産』にされたといえる。そこには『観光を振興させたい』『地域を活性化したい』といった考えが存在している」ことを明らかにします。

そして、**終結部**では、石見銀山を通じて学んだことを踏まえて、「なぜ文化遺産が大切にされる（されない）のだろうか」という問いについて考え、「遺跡の位置づけはその時々の人々がもっている考え方や価値観によって異なる。人々の考え方や価値観が変化することで遺跡の扱われ方も変化していく」ことを導き出すようになっています。こうした見方・考え方を獲得することで、社会をより客観的に見ることができるようになることがめざされています。

意義と残された課題

　このように、単元「文化遺産が大切にされる理由を探ろう」は、「問いの設定」→「事象そのものを理解する」→「事象と社会との関わりを理解する」→「メタ的視点から事象を理解する」→「問いの深化」といった具合に、「なぜ石見銀山は世界遺産に登録されたのだろう（なぜ古い時代の遺跡が大切にされるのだろうか）」という学習課題（MQ）に対して、多様な視点からアプローチすることで、複数の説明的知識を総合するものとなっています。つまり、**複合的な知識の変革的成長**による見方・考え方の成長が意図されています。

　一方で、そうした学習課題に対する多様な視点からのアプローチは、あくまでも教師によって仕掛けられたものとも言えます。そのため、学習者である生徒たち自身にとって、必然性のある学習の展開となるよう、学習課題の設定とそれに対する仮説の設定、その吟味・検証の過程として授業全体をデザインしていく視点も求められます。

07

中学校社会科の分野別アップデート事例

歴史的分野の場合

アップデートの視点

次に、歴史的分野における授業事例として、２０１９（令和元）年度の第52回全国中学校社会科教育研究大会において、小西信行教諭（京都市立東山泉小中学校／当時）を中心に提案された歴史的分野の授業を取り上げます。授業づくりに際しては、筆者自身が指導助言者として関わり、先生方との間で、まずは授業づくりのイメージを共有しました。

歴史的分野の場合は、学習指導要領に示された学習の「方法」概念である「歴史的な見方・考え方」を活用して、時期、推移に着目して比較したり、類似や差異などを明確にしたりして、事象同士を因果関係などで関連づけ、事象の歴史的な意味や意義、時代の特色や時代像を適切に表現していくことが大切です。その上で、生徒たちがもっている「社会

（歴史）の見方・考え方」を成長させる授業づくりを志向する必要があります。

こうした考えを踏まえて、図21は、これから求められる歴史的分野における授業のあり方のイメージを図化したものです。これは、中世・近世を対象に、学習指導要領における「歴史的な見方・考え方」を活用して、小学校での歴史学習を通じて獲得した見方・考え方（＝時代像）を、**より洗練されたもの**へ成長させることをめざす単元レベルの学習構造を示しています。

例えば、豊臣秀吉が行った刀狩や太閤検地といった政策の内容に関しては、小学校においても学習しています。それを踏まえた中学校での学習では、それらの施策が社会のあり様を大きく変え、中世から近世へと時代を転換させていくものであったという歴史的な意味・意義を持っていることを理解させます。そのことを通して、小学校での人物学習を通じて獲得した「武士たちが政治を行った時代」という**素朴な見方・考え方**を、「複雑で混沌とした中世から、武士の支配で統一された近世へ」という、より洗練された見方・考え方へと成長させていきます。そのため、中世・近世における政治・経済・社会・外交等のあり方を時系列に沿って個別に確認していくだけではなく、対比的に捉えそれぞれのあり方を比較し、それらを関連づけていくことで、それぞれの時代の特色や分散的な社会が次

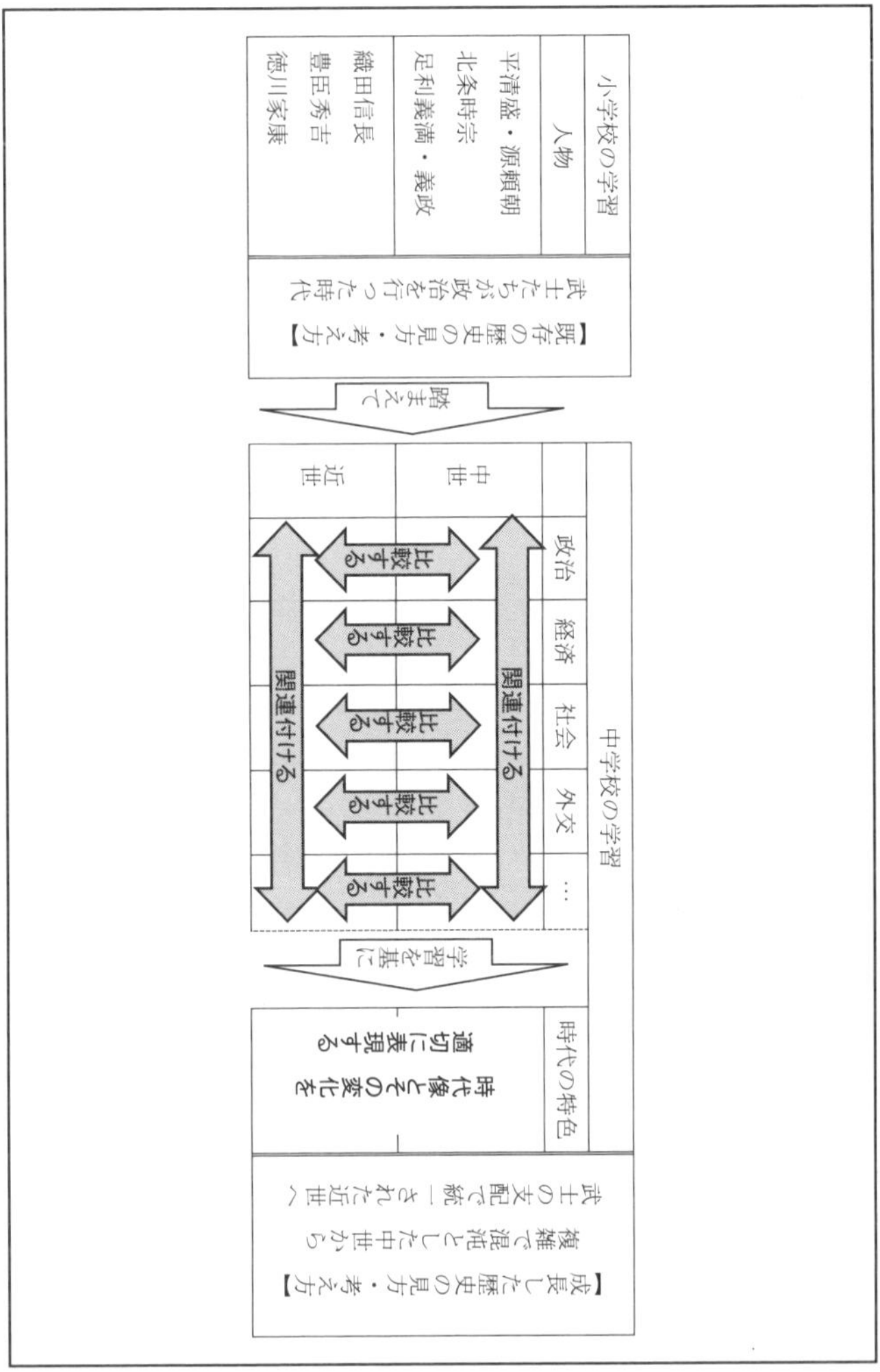

図21：「歴史的な見方・考え方」と歴史的分野における求められる授業のイメージ－中世・近世を事例に－（筆者作成）

第に武士の支配によって統一されていく様子を理解し、中世から近世へという時代の転換を適切に表現できるように、学習指導要領における「歴史的な見方・考え方」を働かせる学習を、単元レベルで組み込んでいきます。その上で、生徒たちの見方・考え方を成長させるためには、既存の見方・考え方では説明ができない矛盾や疑問を喚起し、そこに新たな知識を関連付けていくこと、すなわち「知識の変革的成長」を意識することがより重要になります。

図21のような学習構造を意識するとともに、生徒たちがもっている**見方・考え方に挑戦する**ような問い、例えば「(幕府を開いた源頼朝や足利尊氏ではなく)なぜ豊臣秀吉の事業だけが全国統一と呼ばれるのか」といった問いを軸に、単元全体を探究の過程としてデザインする視点をもつ必要があります。

こうした授業づくりをイメージして、この提案授業は構想されました。

授業の展開

この授業では、「なぜ、秀吉が全国統一したとされているのだろう」という問いを軸に、中世から近世への時代の転換点について考えさせるものでした。豊臣秀吉が行った施策の

【歴史的分野】　第４編　近世の日本―《中世から近世へ》

＜単元目標＞時代が変わる様子を理解し，どんな出来事があれば時代が変わったとされるのか，理解する。

単元を貫く問い「なぜ，秀吉が全国統一したとされるのだろう？」

２年　　組　　番　氏名

時代区分	中世	近世		どんな変化
		安土桃山		
	鎌倉・室町（戦国）	織田信長	豊臣秀吉	
政治	「鎌倉」幕府は御成敗式目，朝廷は律令，寺社は独自の法で支配を行う 「室町」戦国大名は支配地に分国法を制定	楽市楽座令：信長の支配地では，だれでも城下町で商売ができる 関所の廃止：移動がスムーズになる 堺や京都の自治を停止	太閤検地：全国の土地の所有者と，石高を確定 刀狩：武士と百姓，町人の身分の明確化	中世が，信長・秀吉の政策により， ようになった。
外交・貿易	「鎌倉」元寇 「室町前期」勘合貿易の担い手が将軍→大名→有力商人と変化 「戦国」南蛮貿易：戦国大名や堺・博多などの自治都市の許可で貿易が行われる	南蛮貿易：信長は貿易を奨励　キリシタン大名や，堺や博多の商人が貿易を行う 信長は堺の自治を停止する	南蛮貿易：キリスト教の布教を禁止し，宣教師を追放。貿易の中心を長崎にする 朝鮮出兵：秀吉は九州の大名を中心に，大軍を朝鮮半島へ派兵。	中世が，信長・秀吉の政策により， ようになった。
宗教	「鎌倉」民衆のための仏教が発展 「室町」民衆と宗教が結びつき大きな力を持ち，一向一揆が起こる	一向一揆の弾圧 比叡山焼き討ち キリスト教の保護	はじめキリスト教の保護→後に宣教師の追放と布教を禁止する	中世が，信長・秀吉の政策により， ようになった。
経済・社会	「鎌倉」商品作物の増産 →寺社の門前に定期市を開催，座がつくられる 「室町」村の自治組織である惣の結成：ときには守護や領主の支配を否定。 →土一揆や国一揆の発生	城下町の建設と楽市楽座により，信長の支配地では，だれでも城下町で商売ができるようになる。	太閤検地と刀狩により，兵農分離が進む 複雑であった土地制度が，太閤検地により整理される。	中世が，信長・秀吉の政策により， ようになった。

※各欄には，授業者が想定した記述内容が示されている。

ワークシート

解説に終始しないよう、時代の特色や転換に迫るような学習課題に基づき、前頁に示した**マトリックス形式のワークシート**を使用して、「政治」「外交・貿易」といった項目ごとに秀吉が行った施策の内容を整理し、それらを通覧し、「どんな変化」の欄を考えることで、教科書にも示された「中世／近世」という時代区分の意味を捉えさせるものでした。

数回の試行授業では、枠組みだけを示したワークシートを使用し、自由に記述させる方法を採っていました。その結果、生徒たちは項目ごとに学習内容を丁寧に整理していくものの、「どんな変化」の欄については、整理した個別的な知識を羅列する形で記述する傾向が強く、学習を通して考えた時代の特色やその転換について十分に表現できていないという課題が見られました。そこで提案授業に際しては、「どんな変化」の欄を空欄のまま提示するのではなく、記述のさせ方として、「……中世が、信長・秀吉の政策により……ようになった」という**話型**を設定することで、この欄を記入する際に、「楽市楽座令」「太閤検地」といった個別的な知識を用いることなく、例えば、「複雑で、混沌とした、バラバラであった中世が、信長・秀吉の政策により、武士の支配に統一されるようになった」といった具合に、時代の特色や転換について説明せざるを得ないように改善されました。それにより、変化や差異などの「視点」に着目して、時代の特色やその変化を表現しやすくしています。そして最終的に「近世は中世に比べ、どのように変化したか、政治・外交・宗教・民衆のいずれかの側面から説明しなさい」「政治・外交・宗教・民衆における変化から、中世から近世に変わったとされる理由を説明しなさい」という問いに取り組みました。

意義と残された課題

こうした学習を通じて獲得された見方・考え方は、豊臣秀吉や徳川家康が行った諸事業のもつ意味をよりよく捉え、近世社会のあり様を説明するものです。歴史的分野の授業はともすれば個別的な知識の解説に終始しがちですが、時期や推移という「視点」に着目し、類似や差異などを明確にする「方法（考え方）」を活用して、各時代の特色やその転換について考えていくことで小学校での人物学習を通じて形成してきた素朴な歴史（社会）に対する見方・考え方をより精緻なものへと成長させることができます。

一方で、それは特定の時代を説明する見方・考え方であるため、現代社会にも通じる汎用性という点では課題が残ります。平成29年版の学習指導要領では終結単元において、歴史学習を踏まえて現代的な諸課題について考察、構想させることが求められており、**現代**

的なテーマ（課題）から各時代の特質を読み解くことを意識する必要もあります。

08
中学校社会科の
分野別アップデート事例
公民的分野の場合

アップデートの視点

最後に、公民的分野の授業例として、2013（平成25）年に進麻美教諭（大分市立滝尾中学校／当時）によって実践された授業「滝尾地区にコンビニエンスストアをつくるなら」を取り上げます。この授業は、単元「わたしたちの暮らしと経済」（全10時間）のうち、締め括りの1時間として実践されたものです。

大分市滝尾地区は、高速道路のＩＣと大分市内とを結ぶバイパスや幹線道路が通っており、その沿線には多数のコンビニが立地しています。また、大手コンビニチェーンの大分本部がある関係で、幹線道路沿いに対面で出店されるなど、特定の地域に集中して出店するという、いわゆる「ドミナント方式」による立地が見られる典型的な地域となっています。このような地域特性を生かして、授業では、単元を通して得た、価格の決まり方、流通のしくみ、企業のしくみ、企業の役割などの学習成果を生かし、身近な地域の身近な企業としてコンビニを取り上げ、その立地の特徴について探った後、「地域にもう1店舗出店するならばどこが最も望ましいか」について、グループごとにプランを策定し、プレゼンを行うというものでした。

同校で使用されていた教科書においては、コンビニの出店場所については、単元の導入的内容として位置づけられていました。しかしそれでは単元の学習と現実社会を十分にリンクさせることができないとの考えから、単元の締め括りとして、それまでに**習得した見方・考え方を総動員して取り組む課題**として位置づけている点が特徴的であると言えます。

授業の展開

授業で、実際にプレゼンを行ったグループは3つでした。それぞれのグループが提案した場所については、授業で配布された次の地図で確認することができます。第1グループは、ドミナント方式の発想を生かし、バイパス沿いでまだ出店されていない側に立地するのが良いと提案しました（**地図中①**）。

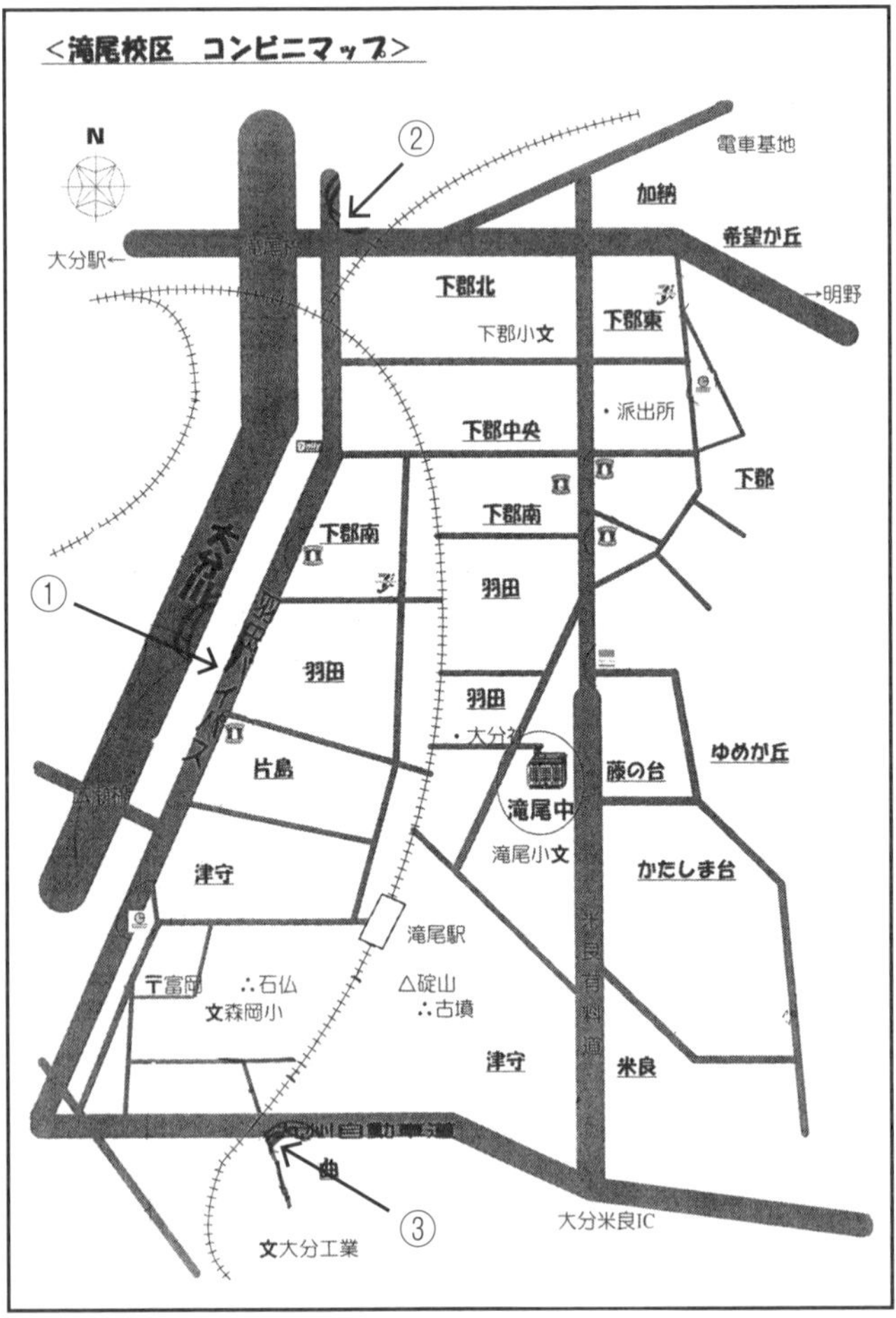
<滝尾校区　コンビニマップ>
N
②
電車基地
加納
希望が丘
大分駅←
→明野
下郡北
下郡小文
下郡東
下郡中央
・派出所
下郡
下郡南
下郡南
①
羽田
羽田
羽田
片島
滝尾中
藤の台
ゆめが丘
滝尾小文
かたしま台
津守
滝尾駅
〒富岡
∴石仏
文森岡小
△碇山
∴古墳
津守
米良
③
大分米良IC
文大分工業

地図

第2グループは、大分市内と滝尾地区をつなぐ幹線道路とバイパスの交差点に立地すれば、交通量も多く、近くに学校もあることから学生たちの利用も見込めると提案しました（地図中②）。これら2つのグループの提案は、コンビニは交通量が多く、人口（固定・移動）の多い場所に出店することで利益を確保しようとする、つまり「企業は収益を確保するために工夫や努力をする」という見方・考え方に基づいたものであったと言えます。

一方で、第3グループは、古い住宅街が広がり、交通弱者である高齢者が多く住んでいる地域に、バリアフリー施設を備えたり、高齢者向けの商品を揃えたりした地域密着型のコンビニを出店するべきだと提案しました（地図中③）。この提案は、他の2グループとは異なり、コンビニは地域の活性化にも貢献する、つまり「企業は利益追求だけではなく社会的責任も負う」という見方・考え方に依るものであったと言えます。

成果と残された課題

生徒たちは、夏季休暇の課題とも連動させて準備を進めていたということでしたが、最後まで粘り強く追究し、はじめは教師が設定した課題ではあったものの、コンビニという身近な企業の立地を通して、地域社会のあり様について、「効率性や利便性」、「活性化」

を視点に真剣に考えることができていました。また、授業後の感想には、「はじめは第1・2グループと同じような収益という視点から考えていたけれど、第3グループのように地域貢献という視点からコンビニの立地を考えてみることで考え方が広がった」といった記述が多く見られました。

「企業は社会的責任を負う」という見方・考え方は、理念としては納得できるものではあっても、実際にプランを策定する場面になると「企業は収益をあげるように工夫や努力をする」という見方・考え方が、多くの生徒たちにとっては支配的であったようです。しかし、クラスの仲間たちと協働的に学ぶことで、自分とは違った意見に出会い、見方・考え方を広げるとともに、自分自身の考えをメタ認知することができていました。

この授業は、課題に対して**複数の異なる見方・考え方**からアプローチされている点でも特徴的です。全てのグループを並列的に扱う方法もあったと思われますが、進教諭は、事前に生徒たちの提案を分類し、代表グループを選出する方法を採っています。それは、異なる見方・考え方に基づいた複眼的な提案がなされることの教育的な効果を期待したものでした。その結果として授業全体では、「効率と公正」に関わる2つの見方・考え方が提示されています。

その一方で、生徒たちに提案させて終えるのではなく、3つの提案を比較検証させ、「地域貢献という視点を踏まえて出店することによって、コンビニにとってメリットはあるのだろうか」という新たな疑問を見出させ、さらにチャレンジさせることも可能です。そのことで企業活動についての学びをさらに深めることができると考えます。生徒たちの提案を踏まえた新たな課題について追究することで、これまで身に付けてきた見方・考え方を活用して、「コンビニは従来のスーパーマーケットのような少品種大量消費から、高齢化を見越した個食など、多品種少量消費に対応した小売形態に移行している」「地域貢献がコンビニチェーンのブランドイメージの向上につながることが期待される」といった見方・考え方へと成長させることも可能になると考えます。

現在、子どもたちの提案活動を軸にした**プロジェクト型**の授業も数多く実践されていると思われますが、この授業に見られるように、教師が子どもたちのアクティブな学びをそのまま受容するだけでなく、積極的に評価し、さらなる学びへと深めていくように授業構成を工夫することで、社会科で求められる見方・考え方の成長が可能になります。子どもたちの提案活動を軸にしたプロジェクト型の社会科授業を志向する際も、見方・考え方の成長を意識して**十分に指導された学習**が望ましいと言えます。

註

1 スティーブン・J・ソーントン（渡部竜也他訳）『教師のゲート・キーピング 主体的な学習者を生む社会科カリキュラムに向けて』春風社、2012年
2 文部科学省『中学校学習指導要領（平成29年告示）解説 社会編』2017年、p.4
3 同、p.7
4 同、p.9
5 このことについて、例えば、森分孝治『現代社会科授業理論』明治図書、1984年、を参照。
6 角田将士・平田浩一「学ぶ意義を意識した『深い学び』を促す授業の創造」『立命館教職教育研究』第4号、2017年、において提示した授業プランを改訂した。
7 文部科学省『小学校学習指導要領（平成29年告示）解説 社会編』2017年、p.109
8 例えば、京都市の小学生が第5・6学年において学習する副読本『歴史都市・京都から学ぶジュニア日本文化検定テキストブック』などを参照。
9 「観光ラッシュ 弱る環境」朝日新聞（日刊）、2008年5月18日

Chapter 5

社会科授業
アップデートを支える
カリキュラム・マネジメント
の視点とNG ポイント

Topics

- 「教育のねらい」をどのように構想するか
- 学ぶ意義とハマりやすいNG ポイント
- 3つの内容を意識した社会科授業づくり
- 求められるカリキュラム・マネジメントの視点
- 授業のアップデートに向けた課題

01 「学ぶ意義」をめぐる議論とハマりやすいNGポイント

TV番組「ブラタモリ」を視聴して感じること

2017（平成29）年2月に放映されたNHK番組「ブラタモリ」において、筆者の故郷である大分県別府市が取り上げられました。案内人を務めた別府市教育委員会の永野康洋氏が亡父の幼馴染であったこともあって大変印象深かったです。2週にわたって放映された番組は、別府の町の成り立ちを、地理的要因・歴史的要因から読み解くものでした。この回に限らず、筆者は「ブラタモリ」を視聴するたびに、地理的・歴史的な視点から、その土地の特質を読み解いていく番組内容に魅了されます。

しかし、別府に関する地理的・歴史的理解がいくら深まったとしても、それだけでは、例えば、別府市民として、別府市が行った入湯税引き上げの是非について判断することには、直接的にはつながらないでしょう。娯楽を目的とした「ブラタモリ」ではなく、社会科授業の場合、子どもたちの思考力や判断力の育成に貢献できないものに留まってしまっては、期待される教育的役割を十分に果たしているとは言えないのではないでしょうか。

平成29年版の学習指導要領においては、学習の結果として「何ができるようになるか」が重視されています。そして「社会に開かれた教育課程」という理念に基づいて、社会の中で生きる子どもたちにとって意義ある学習を実現していくことが求められています。「ブラタモリ」のように、コンテンツがもつ魅力を軸にした授業内容はもちろん大切ですが、そこからどのような資質・能力を育成するのか、教師が**「教育のねらい」を意識すること**が求められます。そして、「教育のねらい」を達成するために授業を計画、実践し、その評価を授業改善につなげる「カリキュラム・マネジメント」の視点が不可欠となります。

「教育のねらい」をどのように構想するか

しかし、日々の授業づくりの際に、「教育のねらい」を意識することはなかなか困難です。というのも、学習指導要領が求めている「学びに向かう力・人間性」や、18歳選挙権に伴って提唱された「主権者育成」といった目標は、**1時間の授業だけで達成できるもの**

ではないため、いざ授業づくりに取り組もうとしても、内容によってはそのような目標の達成に結び付けることが困難な場合もあると思われます。そうした場合、まずはその内容を理解させることが優先され、なぜそれを取り上げるのか、そこから子どもたちは何を学ぶかということについて意識されないままになってはいないでしょうか。

「学ぶ意義」とハマりやすいNGポイント

授業づくりに際して、「教育のねらい」をどのように構想していけばよいのでしょうか。社会科教育に関する学会で、そのことを意識させられる発表（とその後の議論）がありました。その発表は、小学校第5学年の産業学習について、自動車工業を対象に、「環境に良いはずの電気自動車の普及がなかなか進まないのはなぜか」という学習課題を軸に展開された実践とその成果を報告するものでした。この発表に対して、「授業内容自体はおもしろいが、民主主義に対する貢献がなければそれは社会科とは言えないのではないか」との指摘がなされました。皆さんならこのような指摘にどう応答するでしょうか。日々実践しているすべての社会科授業を「民主主義への貢献」という観点から意義づけることは可能なのでしょうか。

こうした視点から、社会科授業のアップデートに向けて、ハマりやすいNGポイントとして、**「過度の一般化による学習の陳腐化」**が挙げられます。例えば、筆者が参観した歴史授業（高等学校）に、18世紀のイギリスとフランスを比較して、「なぜイギリスでは、フランス以上に重税が課せられていたにも関わらず、国内に大きな対立が生じなかったのか」という問いを軸に、「税に対する同意の有無」を結論として導き出し、それを日本に当てはめて、「なぜ日本では税に対する抵抗感が強いか」という問いについて考える授業がありました。そもそもイギリスと日本とでは「税に対する考え方」が伝統的に異なっています。しかし、ここではそうした歴史的背景について深く学ばれないまま、18世紀イギリスと現代日本とを直接的に結び付けて思考することを求めています。その結果として、生徒たちが出した答えは、「税に対する意識が低い」といった常識的なものに留まり、ヨーロッパ史の授業としても、現代の税制の授業としても不十分なものになっていました。なぜ18世紀ヨーロッパを学ぶのかという問いに応えるために、歴史的背景の異なる国の「税に対する考え方」を過度に一般化した結果、学習が陳腐化してしまった事例だと言えます。

Point

社会科を学ぶ意義への拙速な対応が、学習の陳腐化を招いてしまうこともある。

国語科教育における「教育のねらい」をめぐる議論

「教育のねらい」をどう構想していくか。この問いにアプローチする際に有益な提案が国語科教育においてなされています。国語科教育学の研究者である鶴田清司氏は、「国語科における文学の授業で何を教えるか」というテーマについて、次のように述べています※1。

「読みのアナーキズム」は教育の放棄を意味する。そうかと言って、個々の作品の「主題」「イメージ」「価値」「感動」などは〈正解〉として一律に教えることができない。読者論を持ち出すまでもなく、本来、それらは多様であるべきである。下手をすると、教師の考えを一方的に押しつけることになってしまう。

国語科の場合は、教材となる文学作品の扱いをめぐって、「教育のねらい」をどう構想するかが焦点となっており、鶴田氏の指摘もそのことを示しています。

誤解を恐れずに、国語科教育における文学教育についての議論を整理すると、教材となる作品の読解を「目的」とする立場と、その作品を「手段」として文章読解に必要とされる普遍的・客観的な知識・技能を獲得させることをめざす立場とに大別されます。その作品がもっている世界観を大切にしてそれを感得させることによって人間性を豊かにしていこうとする前者のような立場は「文芸教育論」と呼ばれています。一方、個別の作品を通じて普遍的な読解の力を育成しようとする

a 教材内容・・・その作品の内容
b 教科内容・・・１教科が担うべき指導事項
c 教育内容・・・教科の枠組みを超えて育成されていくもの

①少なくともaのレベルにとどまってはならないこと
②国語科である以上は必ずbを指導すること
③bまたはcを指導するときは必ずaをふまえること
（aを豊かに深く理解させること）
④cを指導するときは必ずbを含むこと

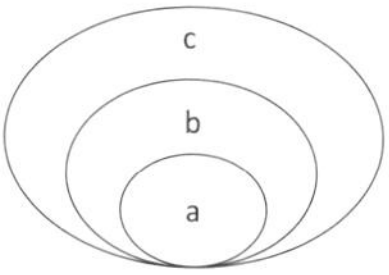

図22：国語科教育における３つの内容
（鶴田清司「文学の授業で何を教えるか－教材内容・教科内容・教育内容の区別－」第42号，1995年，を参照作成）

後者のような立場は「言語技術教育論」と呼ばれ、それらが「教育のねらい」をめぐって対立しています。そして、鶴田氏は、このような対立を「不毛な論争」と評し、対立の根本にあるのは、「文学の授業の守備範囲（指導事項）が広いか狭いかという問題である」とし、その上で**「教材内容」**と**「教科内容」**、**「教育内容」**という3つの概念を意識して、それぞれを区別して捉えていくことが必要であると論じています。こうした鶴田氏の論を整理すると、図22のようになります。

3つの内容を意識した社会科授業づくり

この枠組みを社会科に引き付けてみると、図23のようになると考えます。社会科の場合は、他教科に比べるとコンテンツ的な性格が強いため、日々の授業はaのレベルに留まりがちであると考えられます。それに対して、平成29年版の学習指導要領が求めている「学びに向かう力・人間性」や「主権者育成」といった目標概念は、cレベルに位置付くものと考えられます。その上で、aのレベルの指導に終始せず、**いかにしてbレベルの指導に引き上げることができるか**が、求められる授業づくり（アップデート）の方向性だと考えることができます。そして、社会科の授業における、bレベルの指導とは、子どもたち自身の**「社会の見方・考え方」をより成長させる**ことに他なりません。そのための指導の手立てについては、これまで本書において、繰り返し述べてきたところです。

　前項で触れた社会科教育に関する学会での「教育のねらい」に関する議論を、筆者はその場で拝聴していたのですが、その時、鶴田氏が提唱した内容の３層構造を頭に思い浮かべていました。「授業内容自体はおもしろいが、民主主義に対する貢献がなければ、それは社会科とは言えないのではないか」との指摘は、「民主主義への貢献」という、b～cレベルから発表内容の問題点を見出したも

○コンテンツベース的な性格が強い
　⇒　日々の授業はaレベルの指導に留まりがち

○平成29年版学習指導要領が求める資質・能力の育成
　⇒　cレベルの指導の必要性

【求められる授業改善の方向性】
aレベルの指導に終始せずに
bレベルの指導に引き上げていくこと

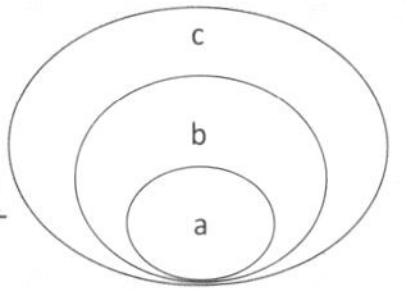

【社会科に求められるbレベルの指導とは】
魅力的な学習課題の下で，子どもたちの思考を促し，
「社会の見方・考え方」をより成長させること

図23：３つの内容を意識した授業づくりの視点
（筆者作成）

のであると言えます。それに対して発表者は、学習指導要領において設定されたコンテンツ（小学校第5学年の産業学習における自動車産業）の中で達成可能な目標という観点から授業内容を構築しており、a～bレベルを意識して研究を遂行していたのだと思います。結局、発表者は、先の指摘に対して、「研究の前提を大きく覆す指摘であり、返答のしようがない」と返されていました。筆者にはどちらの主張も納得できましたし、それぞれが意識している目標や内容のレベルが違っているために、それ以上、議論が噛み合わなかったものと思われます。それぞれの意見がa～cのどのレベルに位置するかをお互いに理解した上で、それぞれの主張を少しでも近づけていく手立てについて議論する必要があるように感じられました。

また、3つの内容を意識して区別せず、cレベルの内容をそのまま単元の目標として掲げている場合もあります。例えば、学校で設定した「先を見通す力」「チャレンジ精神」「高い志」といった汎用的な資質・能力の育成に向けて、毎時間の社会科授業においてもそれを評価するようなケースです。しかし、このような実践については、汎用性の高い資質・能力ばかりが重視され、**社会科授業を通して育成すべき力の育成が図られていない**という課題があります。その単元や授業を通して、どのような「社会の見方・考え方」を成長させるのかが不明確なままであれば、「深い学び」を促す社会科授業にはなりません。
図22や図23に示されるように、3つの内容は、それぞれ**包含関係**にあります。cレベルの目標を達成するためには、aレベルやbレベルの目標が十分に達成されている必要があります。a～bレベルでの授業改善を図らないままに、一足飛びにb～cレベルをめざすことは、資質や能力の育成を重視する学習指導要領のもとで、ハマりやすいNGポイントともなります。前項で例示した18世紀ヨーロッパについての授業も、bレベルを志向するものになっていたものの、歴史学習としての改善が十分に図られないままに一般化を図ったことで、このようなNGポイントに陥ってしまった一例と言えます。

Point

- □「教材内容・教科内容・教育内容」の3つの内容を意識して授業づくりに取り組む。
- □3つの内容をそれぞれ充実させていくことで、より大きな目標の達成につなげていく。

03 授業のアップデートとカリキュラム・マネジメント

求められるカリキュラム・マネジメントの視点

これから求められる授業づくりでは、図23のように目標や内容を**複層的**に捉え、1時間単位の目標（aレベル）、小・中単元レベルでの目標（a～bレベル）、中・長期的な大単元レベルでの目標（b～cレベル）等、どのレベルを構想すべきかではなく、それぞれのレベルの授業がどのような資質・能力を育成につながるかを意識することが重要です。

「主体的・対話的で深い学び」の実現に向けて、ペアトークやグループ活動、表現活動等を積極的に取り入れた実践が展開されてきています。しかし、いくらアクティブな学びであったとしても、それが子どもたち自身の**「社会に対する見方・考え方」の成長を促す**「深い学び」を企図したものでなければ意味がありません。まずはa～bレベルを意識した上で、社会に対する深い理解を促す授業づくりを志向した授業のアップデートに取り組みましょう。そうした学習を積み重ねていく中で、b～cレベルを意識した資質・能力の育成をめざしていきましょう。こうした**カリキュラム・マネジメント**の視点が、日々の授業のアップデートを下支えすることになります。その上で、魅力的な学習課題や資料を通じた学習対象と子どもたちの対話、ICTツール等を効果的に活用した教師と子ども、子ども同士の対話を活性化させることで、あらかじめ定められた知識を習得するだけの静的な学びではなく、創造的な学びを促すための学習活動を構想していきましょう。

授業のアップデートに向けた課題

最後に本書の締め括りとして、社会科授業のアップデートに関わる課題について述べます。課題は様々にありますが、ここでは本書の内容と関わって3つの点を挙げます。

1点目は**「学習課題（Main Question）の設定と授業展開」**についてです。たとえおもしろい学習課題が準備できたとしても、それが子どもたち自身の問いにならなければ、学習効果は高まりません。そのため、子どもたちの「学びの履歴」をよく把握した上で、知的好奇心を喚起し、学習課題を設定する導入づくりが不可欠です。また、展開部についても、単に教師が解説をするだけでは「思考のプロセス」とはならないので、構造化された Sub Question を意識した展開づくりが求められます。その際には、子どもたちにとって必然性が感じられるように、展開間の関係性について十分に意識する必要があります。

2点目は**「学ぶ意義」**についてです。子どもたちにとって真に意義のある授業を構想しようとすれば、「学習課題の現在性」は不可欠な視点であると言えます※2。市民性育成をめざす社会科の学習は、現代社会に関わるものであればあるほど、その理念に適っていると言えます。地理や公民の場合、学習課題の現在性を追求することは比較的容易であり、学習の意義づけもしやすいと思われます。しかし歴史の場合は、学習対象の「過去性」をどうアレンジしていくのかが大きな課題となります。例えば、カリキュラム策定権が現場の教師たちに委ねられているアメリカ合衆国では、歴史を現代社会の理解のための手段として捉え、必ずしも時系列に依らない大胆な歴史カリキュラムを編成することも可能となっていますが、日本の場合は、カリキュラムの策定権を事実上、国家が独占しているため、そうしたカリキュラムを独自に編成するといった大胆な改革は困難です。歴史に限らず、地理や公民を含めて、何を教えるかがある程度、固定化された中で、「学ぶ意義」を意識した上でどんな**アレンジ**を加えていくか、教師の腕が試されていると言えます。

それと関連して、3点目は**「実際に学ばれるカリキュラム」**についてです。学習指導要領や教科書が示す内容編成（カリキュラム）を、実際に子どもたちはどう学んでいくか。各教師がそれぞれの内容を基にどのような単元や授業を構想するかによって学びの質は異なってきます。

図24に示すように、学習指導要領や教科書で示された事象A～Dについての学習は、教師の授業づくりの結果として、事実的知識の伝達に留まるか、あるいはその事象の意味や意義、汎用性のある概念や理論などの説明的知識までを習得させるものになるか、さらに価値判断を求めることで価値的知識の習得までめざすものになるかによって、事象a～dについての学習へと**調節（ゲートキーピング）**され、子どもたちに学ばれていくことになります。

そのため、事実的知識の伝達に終始した1つの授業構成の手立てしか持たない教師よりも、**複数の授業構成の手立て**を

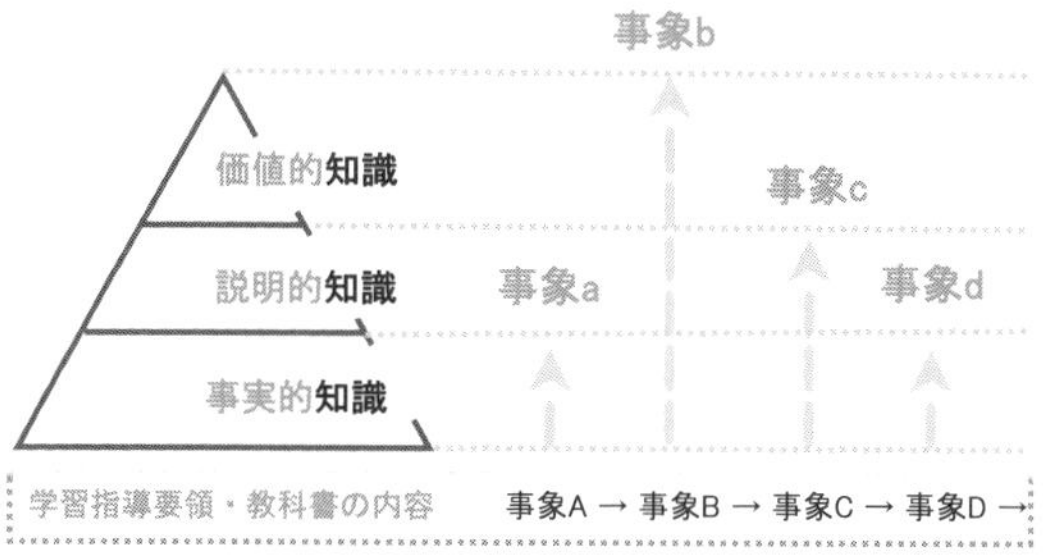

図24：調節されるカリキュラム（筆者作成）

必要に応じて使いこなせる教師の方が、はるかに豊かな実践を生み出すことができ、それだけ子どもたちの社会認識を深めていくことができると考えられます。

授業のアップデートの主役は皆さん自身

学習指導要領や教科書で示された事象のすべてについて、学ぶ意義を示し得る質の高い授業を構成することは困難です。それを実現するには、子どもたちに身に付けさせたい資質や能力（目標）から内容を選択する演繹的なアプローチが必要になります。しかし、現在のところは、与えられた内容編成（カリキュラム）の大枠の中で、帰納的に単元や授業の開発を繰り返していくしかありません。そのため、**「もしその内容を取り上げるならば、どのような目標が達成可能なのか」**という現実的な割り切りが必要になってきます。ただし、試行錯誤的に単元や授業開発を進める中では、他の分野との重複も起り得ます。例えば、前々項で例示した18世紀ヨーロッパについての授業では、18世紀ヨーロッパについての学び（歴史学習）を通じて、「税に対する考え方」について考察されていましたが、そのような見方・考え方は、公民学習においても十分に習得が可能なものです。

しかし、そうした中にあっても、「適時性」や「前後の関連」、「他分野・教科等との調整」

等を吟味しながら、中・長期スパンでの〈子どもたちが実際に学ぶものとしての〉カリキュラムをより良くデザインしていく意識を持つことが重要です。そのため教師は「教育のねらい」を常に意識しておく必要があります。授業づくりで最も大切な点だと言えます。

子どもたちにとってより意義深い授業へのアップデートを真摯に積み重ねていくことで、公的カリキュラム（学習指導要領や教科書）を伝達するだけの**「カリキュラム・ユーザー」**としての教師から、自律的な**「カリキュラム・メーカー」**としての教師へと脱皮していくことが、今、求められています。

Point

授業のアップデートを積み重ね「カリキュラム・メーカー」としての意識をもつ。

註
1 鶴田清司「文学の授業で何を教えるか―教材内容・教科内容・教育内容の区別―」全国大学国語教育学会編『国語科教育』第42号、1995年
2 このことについては、拙稿「学習課題の現在性を社会科は貫くことはできるのか」社会認識教育学会編『新 社会科教育学ハンドブック』明治図書、2012年、で詳述した。

「思考を促す発問・資料の工夫をこそ」

おわりに

これからの社会科授業は、「主体的・対話的で深い学び（アクティブ・ラーニング）」を実現し、新しい社会で必要とされる資質・能力を育成するものであることが求められます。

「アクティブ」という言葉が意味するものについて、Chapter1でも触れましたが、授業における子どもたちの「外的活動（主として学習活動）」と「内的活動（主として思考）」という2つの軸で整理してみると、多くの学校現場では、両者がともに活性化されにくい一方向的な講義型の授業を脱却するために、アクティブな学習活動を採り入れるという意味で捉えられがちでした。しかし、子どもたちの思考を促すことよりも活動を優先させた授業も、知識伝達に終始する静的な授業と同様に、望ましい授業とは言えません。

また一方で、外的活動と内的活動がともに活性化される授業は、「ディープ・アクティブ・ラーニング」とも呼ばれ、極めて理想的なあり方ですが、それだけハードルが高いものです。コンテンツ的性格が他教科以上に強い社会科において、そうした授業のあり方を実現することは容易なことではありません。そのため、日々の授業づくりにおいては、授業の形態としてはチョーク&トークを軸とした地味なものであったとしても、**思考を促すための発問や資料が十分に工夫された授業**をめざすことが肝要です。その際、これまで述べてきたように、子どもたち自身の見方・考え方を成長させるための発問や授業展開を意識して欲しいと考えます。本書が皆さんの授業改善に資するものになっていることを願っています。

本書は、筆者がこれまでに『社会科教育』(明治図書)誌上で発表してきた論稿や、筆者勤務校である立命館大学で担当している教職課程科目「(教)社会科・地理歴史科教育概論」の授業内容を基にしています。この科目のかつての受講生であった明治図書編集部の森島暢哉さんにお声がけをいただいたことで本書が実現しました。また、本書の執筆に当たっては、平田浩一先生(元広島県立教育センター所長)から有益なご意見や懇切丁寧なご助言をいただきました。ここに深甚なる感謝の意を表します。

そして最後に、いつも筆者を支えてくれる妻と子どもたちにも感謝の気持ちを捧げます。

2022年8月　　角田　将士

【著者紹介】
角田　将士（かくだ　まさし）
1978年大分県別府市生まれ。立命館大学産業社会学部教授。広島大学大学院教育学研究科博士課程後期修了，博士（教育学）。広島大学大学院教育学研究科助手，立命館大学産業社会学部准教授を経て2021年より現職。単著書に『戦前日本における歴史教育内容編成に関する史的研究』（風間書房）。共著書に『新社会科教育学ハンドブック』（明治図書），『中学校社会科教育・高等学校地理歴史科教育』（学術図書出版社）などがある。

〔本文イラスト〕足立　明日香
Instagram　足立　明日香（@aa.a_design）

NG 分析から導く
社会科授業の新公式

2022年8月初版第1刷刊　©著　者　角　田　将　士
2024年1月初版第3刷刊　発行者　藤　原　光　政
発行所　明治図書出版株式会社
http://www.meijitosho.co.jp
（企画・校正）森島暢哉
〒114-0023　東京都北区滝野川7-46-1
振替00160-5-151318　電話03(5907)6702
ご注文窓口　電話03(5907)6668

＊検印省略　組版所　株　式　会　社　カ　シ　ヨ

Printed in Japan　ISBN978-4-18-312729-7